復元された鹿草木夾纈《きょうけち》屏風
夾纈は，文様を彫った板で布をはさんで染める技法，幅 57 cm，長さ 167 cm（本文 59 頁以下参照）．

復元された四騎獅子狩文錦　紅花，蓼藍《たであい》，黄蘗《きはだ》，槐《えんじゅ》などを使用，幅 139 cm，長さ 250 cm（下は文様部分
本文 51 頁以下参照）．

「伴大納言絵巻」に見える庶民の衣　画面左上，手をつないで走る男女は，藍の型染及び絞染の衣服をまとっている（出光美術館蔵，本文 108 頁，153 頁参照）．

植物染の工程

さまざまな素材から，それぞれに合わせた方法で色を引き出し，染める(撮影・小林庸浩).

煮る　茜の根を洗って，弱火でゆっくり煮る.

搗く　乾燥した紫根＝紫草の根は湯でふやかして搗き，完全に潰す.

揉む　紅花の花びらを藁の灰汁の中で揉んで，色素を抽出する.

絞る　圧搾機にかけて貴重な色素をできるだけ多く搾り取る．ここは紅花.

一斤染《いっこんぞめ》(聴色《ゆるしいろ》)

縹色《はなだいろ》

麹塵《きくじん》

青鈍《あおにび》

二藍《ふたあい》

糸を染める　紅花の染液を染み込ませる．

漉す　薄《すすき》に似た刈安《かりやす》は短く切って 30 分ほど煮てから漉す．

布を繰る　紫根の染液の中で絶え間なく繰っていく．この後，媒染する．

灰汁を作る　椿の生木を燃やした灰に熱湯を注ぐ．紫根，茜，刈安などの色を定着させる媒染剤として使われる．

染め上がった色

深紫《こきむらさき》　紅　茜　刈安　今様色《いまよういろ》

再現された日本の色と襲《かさね》の色目《いろめ》

重ねた衣裳や表地と裏地の色の組み合わせに，四季の移り変わりを映す美しい名がつけられている．

紅梅の襲　表・紅梅色／裏・蘇芳色

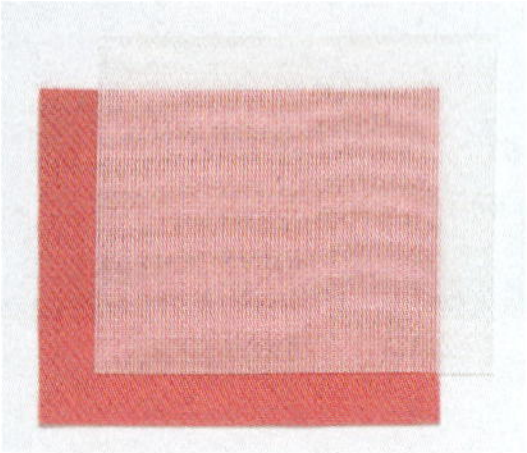

桜襲　表・白／裏・赤花色

山吹の襲　表・淡朽葉色／裏・黄色

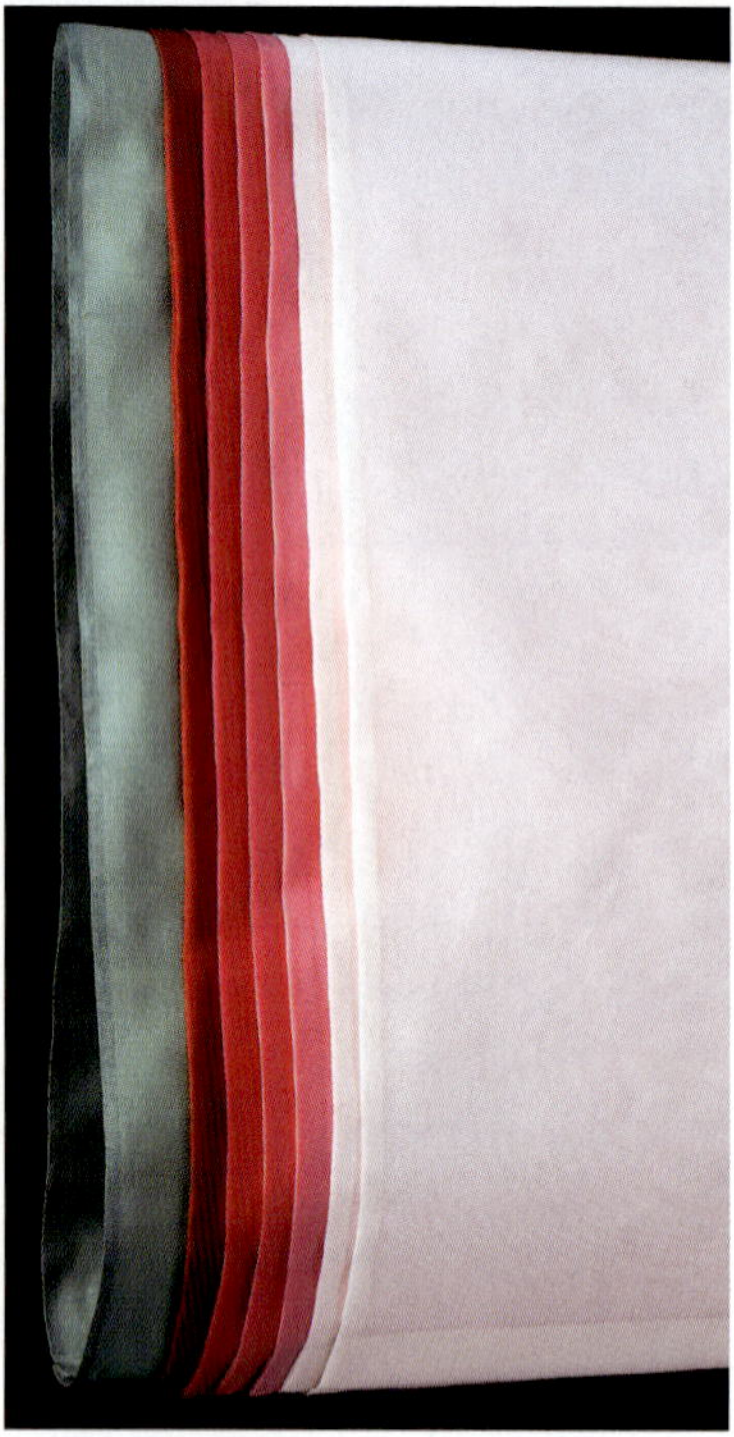

梅の襲　早春の色．２枚目以降のように，下へ行くほど濃くなる同色の組合せを「裾濃《すそご》」と呼ぶ(写真提供：藤森武)．

柳の襲　表・白／裏・萌黄色

藤の襲　表・薄色／裏・萌黄色

吉岡幸雄著

日本の色を染める

岩波新書

818

はじめに

私の生家は京都で代々染屋《そめや》を営んでいる。初代は江戸時代の文化年間に、それまで奉公をしていたところから分家をする許しをいただいて、吉岡という屋号で染屋をはじめた。そのころは、今日のような、便利な化学染料というものがまだなかったから、植物の樹皮や実、根などを煎じながら色素を汲み出して染めていた。いまとなっては珍しい染色法になってしまったが、当時の京都の堀川通に軒をつらねる染屋は、どこも同じような仕事をしていたのである。二代目もそうであった。

明治二十年代に家業をついだ三代目のころは、ヨーロッパから「西洋紅粉《べにこ》」と称された化学染料が輸入され、染屋たちは競ってあこがれの最先端技術を身につけていくようになる。とうぜん手間のかかる植物染料での染色は姿を消していった。

私の父吉岡常雄は第二次世界大戦後に四代目として、そのような染屋をついだのであるが、家業の経営より染めや織りの調査に興味をしめし、正倉院《しょうそういん》宝物に見られるような古代の染織品の研究をきっかけに、大学の教壇に立ちながらもう一度、植物染料に還《かえ》ろうとしたのである。

伊吹山の刈安（撮影：小林庸浩）

天然染料や染織品の調査のため国内外を旅した父に、私も学生のころからしばしば同行するようになって、手と眼で多くのことを記憶した。父の死後、出版編集の世界にいた私がよび戻されて、五代目をつぐことになった。

私は、どうせ家業をつぐなら、いっさい化学染料を使わない、伝統的な植物染だけに徹したいと考えたのである。父のもとで修業を積んだ練達《れんたつ》の染師、福田《ふくだ》伝士《でんじ》とふたりで、その覚悟をきめた。それは、いわゆる「糸偏《いとへん》」とよばれる京都の染織関係から離れ、孤塁を守ることになるのだ。

そして、染屋としては先祖返りをしたわけである。

私が仕事をするときに、第一に心がけることがある。

それは、いにしえの染師たちは、どのような染料にどのような技術をほどこしたのであろうかと推想《すいそう》することである。

たとえば、刈安《かりやす》、という染料がある。薄《すすき》によく似た植物で、九月ころに滋賀県の伊《い》吹山《ぶきやま》で刈り取ったものだ。それを目の前にして、初代ならどのような手順を踏んだのだろうかと思いをめぐらす。

そして、以前、細見した徳川家康着用の「辻《つじ》が花染《はな》」の胴服の色彩を思い出す。紅花《べにばな》の赤のほか、黄や緑など多彩な色が、四百年たっても澄んだ美しい色を保っていた。あの黄色は「刈安」で染めたものだろうか……。

胴服の作られた桃山時代の京都には優れた染師がおおぜいいたはずである。彼らは「刈安」をどのようにあつかったのであろうか……。

工房の三和土《たたき》にうずたかく積まれた「刈安」を前に、私はしばし腕組みをすることになる。

平安時代に編纂された『延喜式《えんぎしき》』には、刈安で黄色を染めるためのもろもろの材料とその方法が書かれている。またさかのぼれば、東大寺正倉院に伝えられる「正倉院文書」には「近江苅安」という文字を見ることができ、すでに千二百年あまり前から、刈安は使われていて、しかも同じ伊吹山から運ばれていたことがわかる。そして、正倉院宝物の染織品のなかには、刈安で染めたであろうと推測できる黄色の絹織物も数十点遺《のこ》されている。また、和紙を染めたという記述も「文書」にある。

目の前の刈安についても、これだけの史実があらわれてくる。

街には千にも万にもおよぶ化学・工学的な色彩が氾濫《はんらん》している現代に、植物の花や実や根に宿る「色素」を汲みだして、古来の法を畏敬しつつ従順に色を染めていることは、異端の仕事に映るかもしれない。

だが、わが国に染織の技術がもたらされて以来、染めや織りに従事した職人たちは、自然の野山に生育する植物からいかに美しい色を引き出すかを、さまざまに試みてきただろうし、日々血のにじむような努力をして、染め織りの法則を考え出してきたことは間違いない。つまりは自然との格闘の歴史であったのだ。

いま私は、染師福田伝士とともに、日本の染織の歩みを再現する道の途上にいる。工房では、椿や樫《かし》や藁《わら》を焼いて灰をつくり、百メートルほどの地下から伏水をくみあげ、山野に自生する植物を採り、また栽培された植物を求め、往時と同じ色材を使って、同じ方法を踏襲《とうしゅう》するようにしている。しかし、初代のころの「色」にはまだ到達していないかもしれない。ましてや桃山時代の、いや、はるか天平の職人の「色彩」にはまだまだ遠いものがあるだろう。

本書は、日本の伝統色にこだわり、真に美しい色をもとめて、時代をさかのぼろうとあえいでいる染屋が記した、日本の色の具体的な歴史であると思っていただきたい。

目次

はじめに

目次

図版作成協力＝紫紅社

本文中の古典引用は、主として岩波古典文学大系による。

第一章　色と染めの発見

東大寺修二会の椿の造り花をつくる（撮影：永野一晃）

明かりをつくる

東大寺二月堂修二会《しゅにえ》(お水取り)は、いまから千二百五十年余り前の天平勝宝四年(七五二)からはじまり、今日まで一回たりとも途切れることなくおこなわれてきた。この奇跡ともいえる行《ぎょう》は、毎年二月二十日からは試別火《ころべっか》、二十六日からは総別火となる。それを終えると、二十八日の深夜からその年に選ばれた和上《わじょう》、大導師《だいどうし》以下十一人の練行衆《れんぎょうしゅう》が二月堂の扉を開けて内陣に入る。一同が礼堂に着座すると、あたりの明かりはすべて消され、扉が閉じられる。練行衆の手助けをする堂童子《どうどうじ》が火打石を打って火を灰に落とすと、灰が赤くなって浄火を生み出す。それを経木に移し、さらに松明《たいまつ》に移して、堂内に置かれた菜種油に浸した藺《い》草《ぐさ》の灯心、櫨《はぜ》の実を精製した和《わ》蠟燭《ろうそく》にと、つぎつぎに点火してゆく。これで堂内の明かりがようやく得られる。

この明かりは、三月十四日までのあいだ、二月堂の内陣を照らして、行をおこなう僧侶、堂童子の眼に光を与えるとともに、須弥《しゅみ》壇《だん》に飾られた椿の造《つく》り花、壇供《だんく》といわれる白い餅などをほのかに照らして、見学者の眼にも十四日間の厳しい行のありさまを垣間見せることにもなるのである。そして、行が終わってからも、火は一年間この堂内で守りつづけられる。

私の染工房は、修二会の椿の造り花を染める仕事にたずさわっている。そのため、私は毎年参堂させてもらって、厳粛でありながら音楽的で演劇的でもある行を拝見している。

堂内は、浄火から移された灯明と和蠟燭の明かりが灯されているだけなので、歩くのに注意を要する。しかし、しばらくすると人の眼はならされてきて、ほのかな明かりがありがたく思えるようになり、灯明の火で紅花染《べにばなぞめ》の椿の造り花がにぶく輝いているのを見ると、その真紅の色がより魅力的に感じられるのである。

このような、千二百五十余年という長い年月にわたってつづけられてきた行を見るたびに、万物を見て色を感じ、それを言葉であらわそうとしたり、色材を得て、何かを描こうとしたり、染めようとするには、眼に光が与えられなければならない、ということを知る。はるか昔の人びとは、太陽や炎というものがいかに大切かということがよくわかっていたように思える。

発明王といわれたアメリカのトーマス・エジソンが、明治十二年（一八七九）に発明した炭素白熱電球は、人間の色彩感を大きく変革したといえよう。エジソンはその研究に着手したおり、フィラメントには高い抵抗値をもつ素材として紙、木綿糸、亜麻糸などをさまざまに試みた。最後には、竹がふさわしいのではないかと考えて、世界の各地から集めたが、日本の竹、それも、京都西南の郊外にある八幡《やわた》市、石清水《いわしみず》八幡宮が鎮座する男山《おとこやま》に生える真竹《まだけ》を、もっとも優れたものとして採用した。

あるときは風によって消え、ときには風に煽《あお》られて思わぬ大火をおこすような油脂や蠟燭などの明かり。そんな狭い空間をほのかに照らすという不安定なものではなく、長い時間、部屋の隅々まで煌々と照らしてくれる電気の明かりは、人間の生活そのものを大きく変化させたのである。

また、東大寺修二会は、古代信仰を彷彿させる炎と水の行事である。選ばれた練行衆が、御本尊十一面観世音菩薩に悔過《けか》、すなわち罪過を懺悔して、天下泰安、風雨順時、五穀豊穣、万民快楽、つまり人びとの幸福を祈る。毎日、日が暮れると、十一人の練行衆は大きな松明の明かりに誘《いざな》われて堂へ参籠する。そこに集う人びとはその松明の大きな火を見て歓声をあげ、その火に宿る清浄さと精神を知るわけである。

この大きな松明を支えるのが、かのエジソンが、火と熱に強い抵抗性をもつことに注目して取り寄せた、真竹である。毎夜、夜空を焦がすように燃えさかり、激しい炎をあげる松明は、一本の真竹の先に、大きな球状に丸めた杉の葉を結いつけたものなのである。真竹が熱と火に対して抵抗性のあることを、遠い昔の人も経験的に知っていたのだ。

聖なる火を使う

人間が火を使いはじめたのは、いまから四十万年ないし五十万年前の北京原人のころからだといわれている。山の樹木が生い茂っているところに雷が落ちて自然に発火し、火事を起こす。

あるいは強い風が吹き、木々の枝が激しく揺れ、擦れあってその摩擦熱で発火して燃え移ってゆく。それは今日でも大森林のなかでよく起こる現象ではあるが、太古の自然のなかに住んでいる人びとは、つねにこうした自然発火を目のあたりにして恐怖感をおぼえたにちがいない。

それと同時に、森のなかで起こる自然発火を見て、人間がみずから火をつくりだすようになった。火をおこすということは、今日の私たちの便利な社会から見れば至極当たり前のことのように映るのだが、太古の原始的な技法からはじまったわけで、世界中のどの地域を問わず、人間にとって火は、つねに神聖なものであり、崇敬されている。

人間は火を自在に扱えるようになって、それを聖なる火、浄火と崇め、太陽や月の光という自然にあたえられる明るさとは別の光と考えた。その火がさらに調理する、あるいは暖を取ることに使われて、日常生活を向上させたのはもちろんのこと、それを利用すると自然に化学的な変化がおきて、より多くのものを生み出すことも知るようになった。

やがて、新石器時代になると、炎の火力を利用して、土器を焼くということが考えだされた。粘りのある土を採集してきて、水を加えて泥状にしたものを、人物や動物にかたどる、あるいは生活に用いる容器に形づくり、火を使って焼き締めれば、より丈夫なものになることを発見したのである。日本における縄文土器の焼成もこのようにしてはじまった。

赤の色への畏怖

太陽、火、そして体内を流れる血、つまり生命の源である赤の色に畏怖と畏敬の念を抱いた人間は、同時にその色をつねに身の回りに配したいと考えた。

野山を歩いていると、緑の草木のなかに真赤に咲いた花が眼にとまって、それを衝動的に摘みとり、顔などに塗るとか、衣料に塗るというようなことはあったかもしれないが、それらは汗にまみれたり、水に遭うと簡単に流れてしまう。そのころは、たとえ染めるという技術はあったとしても、かなり幼稚なもので、土のなかから色のついた朱《しゅ》とか弁柄《べんがら》、鉛丹《えんたん》などの顔料を掘り出して塗るという行為があったにすぎない。

縄文時代には、朱を油で練り、窯に入れて焼成する前の土器に塗っていたとされている。土器の表面に定着させるため、漆を塗った例も多いという。福井県三方《みかた》町鳥浜貝塚で出土した彩文土器は、力強い造形と、朱彩した部分と土器の地肌の対比が見事で、縄文時代前期のおおらかさとともに赤への強い思いがこめられているかのようである。

縄文時代の朱彩はこのような土器だけでなく、土製の装身具や土偶にも見られる。埼玉県東北原遺跡から出土した亀のかたちをユーモラスに表現したものには、彫りの線のなかに朱がのこっており、当初は全体に朱が塗られていた色鮮やかな装身具であったと思われる。

また、同じく埼玉県の真福寺貝塚から出土した木菟《みみずく》形土偶も全面に朱彩されている。

土器に朱彩するということは、それ以前から身体そのものを装飾するために肌に直接塗ることもおこなわれていた証しでもある。やがて衣服を着るようになると、それに朱を塗る、あるいは朱で染めるということになった。さらに死者を葬るときに遺骨にも塗る。いわゆる施朱がなされた発掘品がある。これは古墳時代へも受け継がれていった。そして、その延長線上に古墳の内部への赤色を中心とした装飾があるのである。畏怖と畏敬の念が、赤という色にこめられていたからにほかならない。自然界で生活する人間にとって大切な、根源をなすものへの恭《きょう》敬《けい》でもあったといえる。

黒色の認識

ところで、土を焼成することで器が生まれてゆく過程で、はたして人間はその土色を「色」として認識していたであろうか。いや、していなかったというべきである。しかし、縄文期のような原始的な陶器を数多く焼いているうちに、煙が強くあたるところに煤《すす》が付着して黒色がつくことは発見していただろうと思われる。

青森県六ケ所村表館《おもてたて》遺跡から出土した縄文時代草創期とされている「尖底深鉢《せんていふかばち》」(青森県埋蔵文化財調査センター)は、粘土を一定の太さの紐状にのばしたものを、上に積み上げるようにして形づくられており、その一本一本が両端を継ぎ合わせるようにしているので、線が隆起している。いかにも原始的な鉢である。その上部は、焼成しているあいだに煤が付着したため、黒くなっている。陶器を焼いているときに煙が多く集まるところには煤がたまり、そこから黒色が得られることに気づくのである。

竪穴式の洞窟、あるいは動物の革でつくった天幕のなかでの生活で、焚火をしながら食物を煮たり、あるいは暖を取ったりしているうちに、天井には煤がたまり、それを集めると黒い色素が得られることからも黒色を発見しているはずである。

縄文土器のなかには、焼成のさい粘土色のうえに自然に付着したのではなくて、明らかに煤を採集して、それで文様を描いたと思われる鉢がある。山形県押出《おんだし》遺跡から出土した、縄文時代前期の「漆塗彩文鉢」(重文、文化庁)である。これは全体に赤漆を塗り、そのうえに黒漆で文様を描いている。すでに漆の幹から液を採取することも知っていて、それに朱や墨の顔料を混ぜて彩色し、そのあとで焼成するという技術まで完成していたことになる。

茶の色の色材「渋」

団栗《どんぐり》、栗、胡桃《くるみ》などの実を採集して乾燥させたものを見て、その色名を問われると、いまは、だれもがそれは茶色だと答えることだろう。茶色は飲料としてのお茶に由来している。

だが、縄文時代の人びとは、「お茶」というものを口にしていなかった。日本に茶の栽培技術がもたらされる鎌倉時代以降になって、ようやく「茶色」という色名は生まれたのである。というより、縄文時代の人びとは、茶系統の色を認識していなかったといったほうがいいかもしれない。

青森県三内丸山《さんないまるやま》遺跡から発掘された厖大な遺品のなかに、興味ある一点がある。縦十三センチほどの編み袋である。すでに草や木の皮を細く割いて編むあるいは組むことによって籠や布をつくっていたことがわかる。彩色したものとは思われないが、色はもう黒に近い焦茶色である。樹皮の表皮をそのまま細く割いて、それを幅五ミリほどの糸としたものを、綾状に組みこんである。幹の表面はいずれも皮でおおわれていて、いわゆる茶色を呈しているが、それには渋、つまりタンニン酸が多く含まれているからである。

渋は、植物の体内に入ってくる菌を防いで、病虫害からみずからを守るという作用をもち、樹皮に傷がつくとすぐにそこへ集まってきて、防菌する。渋そのものの色は茶色である。

人間が収穫した果実を保存したり、持ち運んだりするために樹皮を利用して籠を編むとすれば、その表面の色は、植物の皮そのもののいわゆる「生成《きな》り色」をしているわけである。三内丸山遺跡から発掘された籠には、胡桃が入っていたという報告がなされている。胡桃のほか、栗、団栗、栃の実などの木の実は、縄文人の重要な食糧であったことはよく知られている。それらの実のなかには種子があり、つぎの世代を育てるための源となる。したがってその種を包みこむように固い殻があり、そこには菌の侵入を防ぐために渋が多く集まっている。殻のなかに澱粉質が詰まっている。地上に落ちたあと芽が出るまでのあいだ、種子を柔らかくおおうようになっていて、種子の養分ともなる。

人間は、そのような樹木の輪廻を観察して、自分たちの生活に役立てるため、秋になると森や林に入って実を採取するのである。

胡桃は、偽果《ぎか》という外側の皮をむくと、固い鬼皮のついた薄茶色の実が出てくる。胡桃の実は生でも食べることができるが、栗などは蒸すか煮るという工程が必要となる。実には渋が多く含まれていて、実の澱粉質を食用とするには、アクを抜いたり渋を除かなくては、それらが舌を刺激して味覚を鈍らせてしまうからである。

もっとも原始的な摺染《すりぞめ》という染色法がある。美しい彩りの花、緑豊かな若葉などを摘んで、文字どおり布に摺りつけるものだが、原始的とはいえ、この方法を縄文時代の人びとはそう頻繁にはおこなっていないと、私は考える。なぜなら、当時は、絹はもちろん渡来していないし、前述のように、幹からはがしたままの樹皮の外皮繊維を組んだり編んだりしたものはもともと茶色味を帯びていて、その上に染めてもさほどの色の効果はなかったと思われるからである。

ただ、胡桃などは、青いときには十分渋が蓄えられていて、それを摘みとって実を握ったりするだけで、手には渋の液がつく。したがって、すぐにすりつぶしてその液を塗れば、濃い茶色になっていく、ということは発見されていた可能性は高い。

縄文時代の人たちにとって、いわゆる茶系統の色は、土器を含めて、あまりにも身近でありすぎた。したがってそれを意識して染めていたかどうかということは、判断がむつかしいところである。しかし、植物の渋の液を利用して染める、塗る、ということに関しては、豊かな自然環境のもとで技術をもち得たということはいえよう。したがって、籠を編む前に樹皮繊維を一本一本染めてより濃い茶色にしたり、編み上げたものに胡桃の搾り液(これは柿渋と同じようにかなり粘りがあり樹脂状のものである)を塗っておくと、かたちが崩れにくく丈夫になることや、耐水性もあるから、雨水にあってもかなり長く使用することができるということは発見していたと思われる。

もうひとつの黒の発見

やがて、そのような渋を十分に含んだ繊維で編んだり組んだりしたもの、あるいは糸にしてタンニン酸で染色したものを、鉄分が含まれた水に浸けると黒く変化することが発見された。

自然界の土のなかにはさまざまな金属が含まれている。人類はまずそのなかから銅の成分を取りだして、器をつくった。いわゆる青銅器の文化である。つぎには、鉄を取りだして、それを溶解してかたちにする鉄器時代となるわけだが、そうした発明の以前より、鉄分は利用されていた。さきに赤の顔料としてあげた弁柄は、土のなかに含まれる酸化した鉄である。また、鉄分が多く含まれる土地に水がたまると、沼地や泥田のようになって黒味のある泥土がいくつもできる。そこに木が倒れたり、葉が落ちてしばらくすると、樹皮の茶色や枯葉が黒くなっていく。これは植物に含まれる茶の色素、つまりタンニン酸が、鉄分が溶解している水と出会って黒く発色するという化学反応である。

このような現象を見て、人間は煤や墨を塗って黒色にするという方法とは別に、鉄分の反応によるもうひとつの黒色をあらわす技法を発見したのだった。

樹の皮やそれで編んだ籠や袋をこの泥に浸けておくと黒くなっていく。これは、今日でも、沖縄県久米島、鹿児島県の奄美大島、そして東京都八丈島の紬織の糸染の「泥染」といわれる技法に伝えられている。

奄美大島を例にとろう。まずこの地方に生育する車輪梅《しゃりんばい》という樹木を煎じた液で糸を染める。南国に生育するこの木には、タンニン酸が多く含まれていて、古くから染料として使われている。煎じると液は赤味のある茶色になり、それを漉《こ》して糸を浸染《つけぞめ》にしていくと、時間が経つにつれて糸には茶色が入っていく。一定の濃さになった糸を、今度は山にある田圃へもっていって浸けるのである。そこの土は黒くなっていて、これを「涅《すみ》」あるいは「皁《くり》」という文字で表記する。

「涅」という文字は、中国の『説文解字《せつもんかいじ》』に「黒土の水中に在るものなり」と記されている。こうして泥の鉄分で黒くする染色法は古く中国でもおこなわれていたし、現在でもインドネシアやアフリカのマリ共和国などでおこなわれている。

皮革の茶と黒

太古においては、樹皮のほかに動物の毛皮も人間の衣料として重要なものであった。獲物からはいだ生皮は、腐敗を防ぐためにいったん乾燥させる必要がある。ところが、生皮は水分があるあいだは柔らかいが、乾くと板のように固くなってしまう。そこで、「鞣《なめ》し」という方法で柔らかくする。皮の主成分であるコラーゲンという蛋白質の分子を結合させて、安定させるのである。

鞣す方法には、四つの方法が古来おこなわれてきた。

まず第一には渋に浸けておく方法である。食用とするために胡桃や団栗の実を煮て、その濁った液に乾燥した皮革を浸けておくと、皮の色が茶色に染まっていくのと同時に柔らかくもなっていくのがわかる。そしてこのあとは、乾いても固くならない。

第二に煙に長時間あてて、燻しているあいだに、皮が柔らかくなるという方法がある。たとえば、天幕を張って移動する遊牧民などは、竪穴式住居に生活している人たちよりも早くに発見していたと考えられる。天幕は動物の皮革をつなぎあわせてつくられている。煮炊きのために天幕のなかで火を燃やす。天幕の煙のあたった部分が煤けて黒くなっていくと同時に、柔らかくなっていることもわかってくる。煙によって皮を柔軟にすることを知り、さらに色がつくことも自然と知るようになる。生皮に煙をまんべんなく、少しずつあててゆく。それも松の木を燃やしてそれだけの煙をあてると、淡い灰色になる。明かりのことを松明《たいまつ》と書くように、脂成分を多く含む松の芯材は、古代から格好の明かりとして用いられてきた。その煙を利用して、獣皮を柔らかくすることと、灰色を着色することを自然と修得していったのであろう。

なお、松で燻すのではなく、稲藁を燃やして煤をつけていくと、茶色になる。縄文時代の前中期あたりは、日本では稲作がまだはじまっていなかったから、稲藁による燻煙鞣しと着色はおこなわれてはいなかったが、それに近い草木類で燻せば茶色になることを知っていたかもしれない。このような燻し革の遺品は、日本では古く正倉院の宝物のなかにもあり、室町時代の甲冑にも用いられている。現在も甲州印伝《いんでん》などに見られる。

三番目には土のなかに含まれる天然のアルミニウム分、明礬《みようばん》の溶液に浸けて脱毛と鞣し、さらには漂白をするという方法、四番目に、動物の頭から脳漿を取り出して塗り、柔らかくする方法もとられていた。

アンギン（撮影：藤森武）

樹皮布・編衣と染色

縄文時代の人びとは、どのようなものをまとっていたのか。前述のような獣の毛皮だけでなく、北の海辺においては海豹《あざらし》、鮭などの大魚の皮、さらには獣の腸などの内臓すら衣類に用いていた可能性もある。北極圏の住民に見られるものである。

また、木の幹の表皮をはぎ取り、それを水に浸して柔らかくして、石などで叩きのばすことによって一枚の布のようにして、それを縫い合わせて衣類にしていた。このような例は、現在でも、織物を知らない南太平洋の先住民族、アマゾン河上流、アフリカなどに見られるもので、樹皮布、タパと呼ばれる。

縄文という時代は、文字どおり、樹皮あるいは草皮から繊維を取り出して縄を編み、紐を組んでいた。それらが人間が着用する衣に応用されるにはかなりの時間を要したと考えられてきた。ところが近年の発掘では、魚とりの網、筵《むしろ》、蓑、さらにはアンギンと呼ばれる高度な編衣《あみごろも》が、もうすでに縄文時代前期より製作されていたことが、出土品によって明らかになってきている。

アンギンは、近代まで新潟県の山間部でも編まれてきたことが知られており、その道具ものこされている。およそ八十センチほどの長さの棒を、「人」の文字のかたちをした二本の足に渡したものが編み台となる。渡された棒には、経糸《たていと》の間隔に応じた刻み目がつけられていて、経糸を巻いた木のコモヅチと呼ばれる錘《つむ》が巻かれている。緯糸《よこいと》を一本ずつ横棒の上に置き、経糸を交叉させて緯糸を挟むように編んでゆく。これは俵や簾を編む方法と同じであるが、経糸を一本おきにおろしていくところがやや進化しているといえるかもしれない。この編み台は、福井県の鳥浜貝塚からも出土していて、縄文前期からあったものとされている。

ただ、さきにも書いたように、こうした獣毛や樹皮布、編衣というものに、色を意識してつけていたかということになれば、それらを繊維にして鉄分のある泥水で媒染《ばいせん》することによって黒染《くろぞめ》をおこない、茶と黒との色の差を幾何学的な文様にあらわす程度のものではなかったかと考えるのである。

このようないかにも原始的と思える技法が、人類の染色技術の歴史の第一歩であるし、人が色を認識するはじめであったといえるであろう。

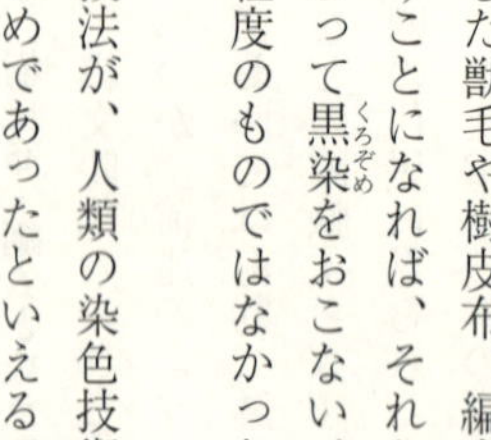
団栗

織物のはじまり

日本においては、縄文期より、藤、楮《こうぞ》などの樹皮や、苧麻《ちょま》や大麻といった草本性の植物の自生しているもの、あるいは栽培したものの草皮から繊維をとり、糸にしていた。それらの糸を編む、組むといったところから、やがて機に糸をかけて、経糸と緯糸を交叉させて織る、という時代を迎える。それは、現在の考古学的な資料から、縄文時代のなかごろをすぎてのことではないかと考えられている。

栽培農耕がはじまってから、糸をつくり機《はた》にかけて織物がはじまったのか、それ以前から自然の山野にある苧麻、藤、楮などの皮を糸にしていたのかは、現在のところ断定できる資料は発見されていない。

ただ、縄文時代も中期をすぎるころになると、土器のなかに、布の圧痕のあるものが、九州地方を中心に発見されていて、それらのなかには、筵《むしろ》、網、籠《かご》目のものだけではなく、平織ふうの布目もあるという報告もある。藤、楮、科《しな》、葛《くず》といった樹皮繊維と、大麻、苧麻の数種類の草皮繊維がそのような原始繊維の範疇にはいるといわれている。

縄文時代前期からおよそ中期までの、編む、組むという時期では、樹皮や草皮は外側の皮の全体を使っていたのに対して、中期をすぎると、黒皮あるいは鬼皮とも呼ぶ外皮をこそげおとして、白い内皮をさいて細い糸にし、それを績《う》んで一本の長い糸にしていた。績むとは、繊維をつなぎあわせて長い糸にすることで、二本の糸をあわせてねじりを入れたり、結ぶことをさしている。一枚の織物にするためには、経糸と緯糸を交叉させて織る「機《はた》」が必要となる。機にかけると、とくに経糸は一本おきに上下に動かすため、ほぼ均一な太さでなければ、隣接する糸に擦れたりしてうまく織れない。そのためには、内側の皮だけを経《たて》に細くさいて切れにくい一本の糸に仕上げてゆく必要がある。

苧麻は、イラクサ科の多年草で、原産地は熱帯アジアであるとされている。かなり早い時期に日本へ帰化している。高さは一～一・五メートルで、野生のものは道の端にも自生しているのをよく見かける。縄文時代の晩期にはすでに栽培されていたようで、福岡市板付、唐津市苧畑などの遺跡から種子が発掘されている。生長した苧麻を刈り取り、水にしばらく浸けてから皮の全体をはがす。そして再び水に浸けたあと、板にのせて刃物で外皮(鬼皮)をこそげおとす。すると透明な内皮がのこるが、それは淡い緑色をしていて、青苧《あおそ》と呼ばれている。まるで鉋《かんな》をかけたように薄く仕上がっている。これを乾燥させてから細く裂いてつなぎ、糸にする。それで織ったものが今日でいう上布《じょうふ》である。

穀《かじ》の木はクワ科の落葉高木である。日本はもとより、中国大陸南部、台湾などにも広く分布している。生長すると、高さは十メートルにも達する。同系の楮とほぼ同じ用途で用いられてきた。中国において、紀元前後に製紙技術が発明されると、これらは糸だけでなく、砕いて製紙の原料ともされたのである。苧麻と同じく、刈り取ったあと芯からはがすように皮全体(外皮)をむくが、それは荒妙《あらたえ》と呼ばれている。

麻のような草本性の植物と違って、かなりの手間がかかる。容易に外皮がはがれないからである。刈り取って束ねたものを甑《こしき》に入れ、大鍋に湯を沸かして蒸す。そのあと冷水に浸けて急激に温度を下げ、皮をはがしやすくする。つぎにはがした外皮は樹木の灰汁《あく》で長時間煮る。アルカリ性液で繊維を柔らかくしてむきやすくする。鬼皮を、鋭い刃物で削るようにしてむくと、ようやく白妙《しろたえ》と呼ばれる白皮(内皮)となる。

『日本書紀』に、天照大神が乱暴な素戔嗚尊に腹を立てて天の岩屋戸にこもる場面がある。

> 天香山《あまのかぐやま》の五百箇《いほつ》の真坂樹《まさかき》を掘《ねこじにこ》じて、上枝《かみつえ》には八坂瓊《やさかに》の五百箇の御統《みすまる》を懸《とりか》け、中枝《なかつえ》には八《や》咫鏡《たのかがみ》一《ある》に云はく、真経津鏡《まふつのかがみ》といふ。を懸け、下枝《しづえ》には青和幣《あをにきて》、和幣、此をば尼枳底《にきて》と云ふ。白《しろ》和幣《にきて》を懸《とりし》でて、相与《あひとも》に致其祈禱《のみいのりまう》す。

榊、神にささげる木を抜いてきて、玉をつないだ御統、大きな鏡、そして最後には御幣をかけて祈ったとある。御幣には青和幣と白和幣の二種類があるが、前者は苧麻(青苧)を束ねたもの、後者は穀、楮(白妙)といわれている。

白の発見

苧麻の場合は、刈り取ってすぐに皮をむくので灰汁煮《だ》きはしないが、繊維を績んで一本の長い糸につなぎあわせてから灰汁煮きをする。これは不純物を取り去って繊維を白くする、つまり漂白するためでもある。さらに白さを得ようとすれば、太陽の紫外線にあてることもかなり古くから認識されていた。

今日でも沖縄県で芭蕉布《ばしょうふ》を織る人びとは、織りあがった布を内海の静かな海岸にもっていき、海面すれすれに布を張って、太陽の光と海面からの反射を利用する「海晒《さら》し」をおこなっている。新潟県の越後上布の産地である湯沢地方は、早春に日が射すのを待って、残雪のうえに布を広げて晒す「雪晒し」で知られる。また、奈良県と京都府南部の木津町も古くから麻の産地として知られ、「奈良晒し」「南都晒し」と呼ばれている。この地方では白くするために茶畑の茶木の上や草叢、さらには、白砂の浜がつづく木津川の河原に布を広げて紫外線に晒すのである。東京都の西を流れる多摩川には調布というところがあるが、ここも川晒しをしたことで知られる。その麻布は、現在の港区麻布あたりで栽培され、糸にして織られたものが運ばれたのである。

人間はこのようにして、まず白を発見し、染色をはじめた。

ただ、本格的な摺染、そして顔料による布への彩色、さらに染料を煮て染めるという技法が、専門職の人びとによっておこなわれるようになったのは、機《はた》が発明されて、麻のような、樹皮の内皮の白い部分を糸にして、布帛《ふはく》を織りあげるようになってからである。その時期は、縄文時代の晩期、稲作の技術が渡来して、人びとが植物を本格的に栽培するようになってからではないかと考えられている。

そのときの染料は、赤では茜《あかね》、黄色では刈安《かりやす》、楊梅《やまもも》、支子《くちなし》、黄蘗《きはだ》、茶色では柿、矢車《やしゃ》、団栗、栗などが使われていた可能性は高い。ただ、茜のような染料は、麻などの植物繊維には鮮やかに染まりにくいところから、用いられていたかどうかについては、後述するように若干疑問がのこる。茜、そして黄色の刈安、楊梅などは、黄蘗や支子などのような、染料を煮だして色素を抽出した液そのままの色に染まりつくものとちがって、明礬あるいは椿や柃《ひさかき》などの木灰の溶液に交互にいれていかねばならない。色素を定着させるためには仲介者のいる媒染染料だからである。したがって原初的な染色あるいは彩色をする技術は存在したと思われるが、本格的な染色はもう少し時代がくだってからと考えられる。

絹の伝来

従来、稲作農業は弥生時代からはじまったというのが定説だったが、近年の研究では、縄文時代晩期の土器のなかに籾《もみ》の圧痕のあるものが発見されており、農耕定住生活はもう少し時代をさかのぼっていくようである。

稲作の伝来が中国大陸より直接であったのか、朝鮮半島を経由したものであったのか、という論争はともかくとして、中国において、米がはじめからつくられていたのは揚子江中流の、古代、楚《そ》と呼ばれた国あたりであった。その稲作はやがて下流にも及び、いまの江蘇省あたりに広がっていった。春秋時代になると呉の国のさらに南に越という、米作りをする国ができたのである。だから、朝鮮半島と日本へ稲作が伝えられた祖は、中国ではこのあたりからだといってよいだろう。なぜここで稲作の伝来にこだわるかというと、中国で発明された絹をつくる養蚕の技術もこのあたりから伝わったのではないかといわれているからである。

中国における養蚕の技術は、殷《いん》の時代にまでさかのぼるといわれているが、その初期のころは、自然界のなかに生育する蛾が営む繭を用いていたのであろう。やがて、桑木の葉を食べるカイコガ科のクワコが、人間が育成するのに好都合なことから、管理、飼育されるようになっていった。これが養蚕のはじまりである。

日本における養蚕の歴史では、われわれが知っている絹糸の生産地は、群馬県、長野県など山間の寒冷な地という印象が強いが、もともと、蚕は亜熱帯性の生物なので、中国でも揚子江を境に南のほうで養蚕はおこなわれていた。

したがって、縄文時代の後期より弥生時代にかけて、稲作と絹、そしてのちに述べる染色の技術は、中国の古代文明が発達していた中原の地域より、楚、呉、越といった南の地から渡来しているといってもいいように思われる。

中国で発明された絹は、あの小さな繭一個から千四百メートルもの長い糸を引くことができ、しかも繭の糸口から最後までの糸の太さの差は、二対一というほどである。もちろん繭一個が一本の糸になるのではなく、八個から十個を一緒に撚り合わせて一本の単位としていくわけで、その糸は全長ほぼ同じような太さになっている。

絹の道の誕生

中国より北方、あるいは西域の羊や山羊を飼いながら遊牧している人びとのおもな衣料は、それらの動物の毛を刈り取って、その綿状のものを手で紡いで糸にするわけであるから、当然のこと、絹糸のように真っすぐの細い糸にはならない。一方、絹糸は透明であり、植物染料で黄、紅、紫など、美しく華麗な色に染めることができるのである。美しい糸を機にかけて織った錦が、羊毛文化圏の人びとを魅了したのは当然のことといわねばならない。

第一期	縄文晩期，弥生時代前期	養蚕技術の伝来と初期的な染色．茜，刈安はあった可能性がある．
第二期	弥生時代後期から 古墳時代の初期	炉端から竈への移行．土器から須恵器への移行．高度な染色技術が可能となる．
第三期	秦氏の来日	倭の五王(5～6 世紀)のころ，中国朝鮮半島からの技術者が多く渡来する．紅花，紫，蓼藍の染色が始まる．錦の織物も制作される．
第四期	飛鳥～白鳳時代	日本での本格的な染と織物の生産がさかんになる．冠位十二階の制定，天寿国繡帳の作製．
第五期	平城京遷都から大仏開眼	都の周辺と地方への技術の伝播．

「絲綢之路《シルクロード》」を通じた東西文明の交流を促したものの源は、絹織物の美しさそのものであった。絹は西方の人びとの垂涎の的となり、金と同じ目方で取り引きされるまでになっていった。それゆえ、中国の漢民族は、絹の製法はひた隠しにしていた。だが、東方の日本や朝鮮半島の地は属国とみなしていたのか、いとも簡単に伝えているようである。

日本では弥生時代前期の末とされる福岡市早良区有田遺跡から平絹が出土しているから、それ以前には養蚕の技術が伝えられ、それを糸にして織物がはじまっていたといえるのである。ただ、日本に絹が渡来してから本格的な植物による染色がはじまった、ということは必ずしもいえない。縄文のはじめから発見していた茶色系の染料に加えて、刈安、こぶな草、あるいは黄蘗《きはだ》といった黄色系の染料、そして茜の根を利用した朱に近いような染色も開発されていた可能性は十分にあるといってよい。というものの、そのような色彩がのこっている発掘品は、今日の段階では見られない。文字による記録も考えられないので、あくまで想像の域を出ないのである。これは私見であるが、茜や刈安の黄色などの複雑な染色技法が日本においておこなわれるのには、かなりの時間を要したのではないだろうか。その時は一挙に訪れたのではなく、中国および朝鮮半島から職能集団が渡来してからである。

色を染めるという技法だけでなく、養蚕、機で平絹や錦を織る、刺繡、そして織りあげた布帛を染める纐纈《こうけち》、夾纈《きょうけち》、﨟纈《ろうけち》などの防染技法など、そのほとんどの源が中国にあって、日本ではそれを学んで発展してきたのである。

中国より渡来した技法が、大きなうねりとなって影響を及ぼし、日本での生産がより一層の飛躍をみた時代を私なりに整理してみると右の表のようになる。

支子

邪馬台国の染色

弥生時代の後期、一世紀の後半から三世紀にかけて、日本における染織技術と衣服を考察するには、文献的には『魏志倭人伝』に頼るしかない。

その風俗淫ならず。男子は皆露紒《ろかい》し、木緜《もめん》を以て頭に招《か》け、その衣は横幅、ただ結束して相連ね、ほぼ縫うことなし。婦人は被髪屈紒《くつかい》し、衣を作ること単被《たんぴ》の如く、その中央を穿《うが》ち、頭を貫きてこれを衣《き》る。禾稲《かとう》・紵麻《ちょま》を種《う》え、蚕桑緝績《さんそうしゅうせき》し、細紵《さいちょ》・縑緜《けんめん》を出だす。……

これを読むと、その風俗はある程度整っていて、男性は髪はみずらに結っている。木緜――とあるが、いま私たちが毎日身に着けている木綿ではない。これは「ゆう」と読み、楮、藤といった原始繊維のような樹皮繊維と解すべきである。きちんと縫製したものではなく無造作に束ねかけているだけである。衣は横に長く、おそらくアンギンのように編んだものを着ている。女性は髪を束ねて、一枚の布の中央を切り裂いた貫頭衣を着ているとある。

人びとは稲を植え、紵麻を栽培し、そして桑を植えて蚕を飼い、細い紵麻や絹糸で織物をしているようである。やがて、

景初二年（二三八）六月、倭の女王、大夫難升米等を遣わし郡に詣り、天子に詣りて朝献せんことを求む。太守劉夏、吏を遣わし、将って送りて京都に詣らしむ。

その年十二月、詔書して倭の女王に報じていわく、「親魏倭王卑弥呼に制詔す。帯方の太守劉夏、使を遣わし汝の大夫難升米・次使都市牛利を送り、汝献ずる所の男生口四人・女生口六人・班布《はんぷ》二匹二丈を奉り以て到る。……今、絳地《こうち》交竜錦五匹・絳地縐粟罽《すうぞくけい》十張・蒨絳《せんこう》五十匹・紺青五十匹を以て、汝が献ずる所の貢直に答う。……」と。

と、わが国の朝献にたいして中国からは、絳地すなわち赤地の錦や紺青の澄んだ藍で染めた錦など多数の絹製品が贈られたとある。さらに、正始四年(二四三)には、わが国から倭錦《わきん》、絳青縑《こうせいけん》、緜衣《めんい》、帛布をもって朝貢したとある。

『魏志倭人伝』の染織

『魏志倭人伝』の記述について、従来の染織史の見解はおおむね、「班布」は絣《かすり》か絞り布、それも法隆寺に伝来する太子間道《たいしかんどう》(後述)のような、あるいは正倉院に収蔵されている絞り布のようなもの、錦や綿も中国の完成されたものとまではいかず粗雑なものではあるが、そこそこの絹織物であった、としている。

また、卑弥呼の朝貢した「絳青縑」については、「絳」とは茜《あかね》で染めた糸、青は藍染の糸とするのが文字から解釈すれば妥当であろうと考えられてきた。だが私は、植物染の仕事をする

茜の根

者として、前者は朱あるいは弁柄《べんがら》の顔料を塗ったような糸で、後者も群青《ぐんじょう》のような顔料ではなかったろうかと考えている。

というのは、藍の本格的な染色技術が日本に伝来したのは五世紀以後とされており、それ以前であれば、たとえ蓼藍《たであい》のような藍の色素を含む植物があったとしても、緑の葉を摺りつけて染めるといったようなかなり原始的なものであったと考えられるからである。

茜は日本にはかなり広い地域に自生しているので、赤い根を野山から掘り起こしてくれば、材料的には十分なものが手に入れられたはずである。その染色技法に関しては、植物染あるいは草木染という印象から、たやすくて、自然の摂理にそって仕事を進めればおのずと染まっていくように思われがちである。たしかにそのとおりではあるのだが、手順工程においてかなりの熟練を要し、熱源、道具なども整えなければならない。専門的な知識と経験も必要とする。いわば、西洋でいう錬金術、あるいは中国でいう煉丹術のような経験から生まれた高度な熟達した技術がなければ美しい色に染まり、かつ耐久性のあるものにはならないのである。

ここで、日本で古くから自生していた日本茜の染色工程を記してみるとつぎのようになる。

①まず、掘り起こしてきた茜の根を干して乾燥させる。②乾燥させた根を米酢に十時間浸け

る。③根を取り出して真水に入れ、二、三十分煮沸して色素を抽出する。このときさらに米酢を加えることもある。④柃《ひさかき》か椿の木を燃やして灰をつくっておき、そこへ熱湯を注いで上澄み液をとる。⑤灰の上澄み液を薄めてつくった液の浴槽で絹糸または絹布を約十五分間繰る。茜の色素を定着させるために、あらかじめ木灰のなかにあるアルミニウムの成分を定着させておくわけである。⑥つぎに、③で抽出した茜の染液を別の浴槽に入れて摂氏五十度に保ちながら、そのなかで布（糸）を約十五分間繰る。この⑤と⑥の工程を繰り返すことによって染めの濃度はあがってきて、緋あるいは絳と呼ばれるような赤や、あるいは黄味のある赤になるのである。

この工程を見てもわかるように、椿や柃の木灰を使ってあらかじめ水に溶けた金属（金属塩）を糸や布に定着させてから染める。これには明礬という天然のアルミニウムを用いてもよい。

現代の私たちは、化学的な分析によって、椿とか柃のようなツバキ科の植物を燃やした灰にはアルミニウムの成分が含まれていることを知っている。だが、茜や刈安という黄色の染料、さらには後述する紫根《しこん》（紫草の根）などの発色にこれらが有効であることを、いつ、だれが発見したのだろうか。茜の染液は、五十度あたりの温度に保つことがよい色を出す条件となる。ということは、かなり大型の竈《かまど》と、高温にも耐え、大きな保水力もある壺がなければ、美しい茜色が染められないということになる。このような染色法を実際におこなっていて、私は、染色は食物の調理の歴史に大きな関連があると考えている。つまり、囲炉裏《いろり》のような場所での調理段階では本格的な染めはむつかしく、竈が整った広い台所のような場所がなくてはならないように思われるのである。

「炊く」ことの技術

四世紀の終わりから五世紀の初頭にかけて、朝鮮半島において大きな戦乱が起こった。それを避けるかのように、集団で日本列島へ渡来する人びとがかなりあった。そのなかに、農業あるいは工芸的な生産性を高めるためのすぐれた技術をもち、知識を備えた人たちがいて、ようやく安定の兆しを見せはじめた倭の王権に奉ずるようになったといわれている。

そのひとつが陶器の焼成である。土師器《はじき》はすでに日本にあったが、より高度な技術が加味され、器の形や釉《うわぐすり》類もより多様になっていく。さらに須恵器《すえき》という、硬質の土器を轆轤《ろくろ》で成型して、穴窯を構えて高い温度の還元炎で焼成する技術も新たにもたらされた。土の質が細かく、丈夫で液体を長く貯蔵しておける器や、大きな鍋をのせ、下から薪などを焚いて強い火をおこせる竈もつくれるようになった。そうした技術により、竪穴式住居内に竈をしつらえ、長い胴の瓶や把手のついた鍋を据えて、いわゆる台所が形づくられるようになった。それまでは、部屋の中央に囲炉裏があって、そこに家族が集まって「焼く」「煮る」という作業をしながら食事をつくっていた。だが、火も弱く、いわゆるとろ火で、「煮込み料理」には向いても、「炊く」という段階まではいかなかったようである。

それが四世紀の後半より、渡来人の技術によって竈が築かれると、煮沸するという表現が当てはまるような状態が可能となったのである。ご飯が炊けるようになった。現代人のご飯とおかずという形式は、このころ、弥生時代の晩期から古墳時代のはじめに定着したといわれる。

染色をする立場からいえば、このような「炊く」という技術があってこそ、茜の根や刈安の茎や葉を煎じることができ、それらがたっぷりと入った液を、一日のうち少なくとも三～四時間は五十度に保つことができ、そこではじめて本格的な植物染ができるようになった。

鉄器と黒染

陶器の焼成、木工建築、さらに鍛冶金工技術などの文明の地における発展は、ほぼ同じ時期に、それぞれの地域にすぐれた職人集団が形成されて根づいていくように思われてならない。

青銅器の時代を経て鉄器を使用する時代へと移っていくわけだが、弥生時代の日本列島では鉄の原料が発見されず、朝鮮半島に依存していたとされている。五世紀に成立した倭王権が伽《か》倻《や》より渡来する人びととの結びつきを強くしたことが、国家を確立していく要因のひとつとなったともいわれている。染色の技術史から見れば、さきの茜染が木灰のアルミニウム分によって発色させたように、微量ではあるが、金属との結合を必要とするところから、かなり化学的な知識が必要である。

前述したように、原始時代には黒色を染めるのに土中の鉄分を利用していた可能性が強いが、大和盆地、河内平野あたりに集落をなした染色職人たちには、奄美大島や八丈島に見られるような鉄分を含んだ土を発見することはおそらく不可能であったと考えられる。その代わりに、鉄分を、木酢《もくさく》あるいは腐敗した米粥と米酢に浸けて溶かし、いわゆるお歯黒《はぐろ》鉄をつくって、その液によって黒染をしていたはずである。

『日本書紀』巻第二十一「崇峻紀」に、蘇我氏との戦いに敗れた物部大連の軍兵について、「軍合《いくさこぞ》りて悉《ことごとく》に皁衣《くろきぬ》を被《き》て、広瀬の勾原《まがりのはら》に馳猟《かりするまね》して散《あか》れぬ」という記載がある。「皁《くり》」あるいは「涅《すみ》」という色をあらわす文字は、黒い土のなかにあるという意味で、土中の鉄分によって、植物のもっているタンニン酸の色素が、黒く変化することを示している。右の「崇峻紀」の皁が、土のなかに入れて発色したものか、都の近くの染色に携わる者がお歯黒鉄を使って染色していたのかはわからないが、私は鉄をとかして媒染する技法は完成していたと考えている。染屋にも、鉄のかけらが必要であったのである。

五世紀の後半になって、高句麗が百済の都を攻めて漢城を落とした戦乱のおり、百済は南に下って都を遷している。このころにも、日本へ渡来する人が多く、秦《はた》氏と倭漢《やまとのあや》氏の祖が渡来してさまざまな先進技術をもたらしたのが、この時代といわれる。それらが日本の文化および技術、なかでも農具と染織に与えた影響は、まさに画期的なものがあったといえよう。卑弥呼の時代にはすでに中国から養蚕の技術が伝えられていたが、『新撰姓氏録』には、

仁徳天皇の御世、一二七県の秦氏をもって諸郡に分置し、即ち養蚕・織絹してこれを貢せしむ。天皇詔して曰く、秦王献ずるところの糸・綿・絹帛、朕服用するに柔軟、肌膚を温煖す。姓を波多公《はたのきみ》と賜う。秦公酒、雄略天皇の御世、糸綿帛委積みて岳のごとし、天皇これを嘉す。号を賜って禹都万佐《うずまさ》という。

とあり、秦氏は仁徳天皇のころには百二十七県もの民になっており、そのより高度な養蚕機織の技術を諸郡にひろめたと記されている。

これと前後して、倭の五王は中国大陸に朝貢して、より高い染織技術集団を招き入れたいとも考えていた。『日本書紀』応神三十七年条に、

三十七年の春二月《はるきさらぎ》の……阿知使主《あちのおみ》・都加使主《つかのおみ》を呉《くれ》に遣して、縫工女《きぬぬひめ》を求めしむ。……呉の王《こきし》、是《ここ》に、工女兄媛《ぬひめえひめ》・弟媛《おとひめ》、呉織《くれはとり》、穴織《あなはとり》、四《よたり》の婦女《をみな》を与ふ。

とあり、雄略十四年条には「身狭村主青《むさのすぐりあをら》等、呉国《くれのくに》の使と共に、呉の献れる手末《たなすゑ》の才伎《てひと》、漢織《あやはとり》・呉織及び衣縫の兄媛・弟媛等を将て住吉津に泊《とま》る」とある。

「漢織」「呉織」という文字からして、このころ、綾錦といった中国で織られていた高度な織物の技術が伝えられた証しとなろう。

このような文献資料はのちの時代の記述であるから、その年代をそのまま鵜呑みにするのはよくないが、およそ五世紀の出来事と考えてよいのではないだろうか。その後しばらくして中国との国交は途絶え、つぎの遣隋使の派遣まで交流はなかったとされている。

ともあれ五世紀にいたって、日本では秦氏によって養蚕の技術が高められて各地にひろまり、量産の態勢が整っていった。加えて、中国から、あるいは朝鮮半島の百済の国を通して、染色や織物の高度な技術もあいまって渡来し、ようやく華やかな色彩の錦などの染織品が国内で生産できるようになったのである。

呉藍の渡来

中国、朝鮮半島から伝わってきた植物染の技術は、華麗な色彩をあらわす紅花《べにばな》、蓼藍《たであい》、紫草《むらさきそう》の根などであった。紅花は赤色を表わす染料で、エチオピアからエジプトあたりが原産地とされて、エジプト古代王朝の新王国アメンホテプ一世のミイラにはこの花がそえられている。さらに末期王朝期のサッカーラーの遺跡からは、紅花とそれを精製した口紅が発掘されている。

やがてシルクロードの交流がさかんになるにつれ、紅花も東へと運ばれて、紀元前二、三百年ころには中国の西方で勢力を張っていた匈奴にもたらされたといわれる。中国の漢民族は、北方の遊牧民族、匈奴につねに脅されつづけていたが、前漢の武帝は紀元前一二七年、ついにその領地に攻め入り、すぐれた紅花の産地である祁連《きれん》・燕支山《えんし》を奪い取った。ために匈奴の王は、

我が燕支山を失う、我が婦女をして顔色無からしむ

と嘆いたという。紅花は染料のほか、精製して高貴な女性たちの化粧品に用いられていたため、王は、女性たちの顔を装う赤色のもととなるものがなくなってしまうと嘆いたのである。

中国では、後漢のあと魏・呉・蜀のいわゆる三国時代に入る。しかし、それも長くつづかず、五胡十六国、南北朝というように国はさまざまに動いていく。だが、日本においては、五世紀

紅花（撮影：小林庸浩）

から六世紀ころまで、呉の国の故地、六朝の国々を三国時代のまま「呉」と呼び習わしていた。その地との交流は、百済を通して、あるいは直接にと、長くさかんであったのである。

紅花が日本に渡来したのは三世紀半ばとされるが、中国では紅藍と呼び習わされていた。紅は赤を意味し、藍は青色であるが、「藍」はもっとも親しみやすく代表的な染料であったから、染料の総称ともなっていたのである。したがって、紅藍は紅の染料のことである。当時の日本人は、揚子江の南にあった呉の国から渡来した染料ということで「呉藍《くれあい》」といい、それが「くれない」へと転訛したのである。

紅花の紅

『万葉集』にはつぎのような歌がある。

外《よそ》のみに見つつ恋せむ紅《くれなゐ》の末摘花《すゑつむはな》の色に出でずとも（巻第十）

立ちて思ひ居《ゐ》てもそ思ふ紅の赤裳《あかも》裾《すそ》引き去《い》にし姿を（巻第十一）

紅花は、日本では、梅雨の明けたころに赤黄色の混じった花を咲かせる。植物染というと、美しく満開になった赤や紫の花や、萌えいずるような若葉の緑がそのまま糸や布に染まりつくという印象があるだろうが、意外にも有用な色素は、樹皮の内側や土の中に深く張る根や、実など、隠されたところに潜んでいるものである。そのなかで紅花だけが例外といってよく、花の赤い部分の色素が美しく染まりつく。花は夏に刈りとったあとは乾燥させておくが、花には黄色と赤の二つの色素が含まれており、実際に染色するにはまず水で黄色を洗い流す。あらかじめ前日に水に浸けておいたものを、水を何度も替えて揉み洗いして絞ると、黄色がどんどんと流れていく。それが終わると、今度は絞った紅花に藁灰の灰汁を入れて、ゆっくりと混ぜあわせる。つまり、紅花の黄の色素は水に溶けるが、赤色はアルカリ性の液でないと溶出しないのである。山形県の紅花の産地では、黄水洗のあと、紅餅《べにもち》という固形の状態にして出荷していた。

私の工房では、花びらの状態の紅花を使うため、黄水洗い、そして灰汁による揉み込みを連続しておこなう。赤の色素が溶出すると、そこに米酢を足して中性に近い状態にまでしておく。その液に、絹布か絹糸を入れて染めていく。その途中に何度か米酢を足して、弱い酸性になったところで、染め終わるようにする。この工程を何度も繰り返して、濃い紅色にしていくわけである。最後に、烏梅《うばい》という、熟した梅の実に煤をまぶして燻煙《くんえん》にした、まさに烏のような真っ黒な実に熱湯を注ぎ、その果実酸の液のなかで繰ると、より鮮やかな赤となる。

紅花の色素を口紅のような泥状、つまり顔料にするにはもうひとつ別の工程が必要である。これについては、第二章で述べることにする。

技術集団としての「部」

日本では、中国大陸あるいは朝鮮半島より渡来してきた人びとを中心に、大和あるいは河内を中心に新しい技術集団が形づくられて、彼らは大王とその王族もしくは氏族に隷属して労役をはたし、生産したものは貢納された。そのような集団を、「部」あるいは「部民」と称した。鍛冶部、陶作部《すえつくり》、鞍作部、馬飼部などで、染織を司るものは錦織部《にしごり》と呼称された。

「部」といえば大伴部、物部、蘇我部といった朝廷で王権を担う政治的権力的な氏族を思い起こすが、このような職業集団にも「部」がつけられたということは、国家を形成していくうえで、かなり重要な役割をはたす人びとであったからではないかと、私は推測する。

宮廷生活で用いられる食器、祭器、あるいは宴のための調理には、たくさんの食器の類が必要であったろう。衣服においては、群臣の前に立ったときの大王は、ひときわ光彩を放つ衣裳に身を包み、刀剣や鞍などもまばゆいほど輝く黄金のものであったことだろう。つねにみずからの意志を反映して権威を象徴する装飾品をつくらせたと思われる。それらをつくる集団には、朝廷からの重要な仕事をこなすために高度な技術者が集められ、また、その技師たちも相応の待遇を受けたと考えられる。

このような態勢は日本にかぎることではなく、古代中国、あるいはエジプト、ササン朝ペルシャなど、偉大な国家が構築されたところすべてに共通している。

第二章　飛鳥・天平の彩り

四騎獅子狩文錦を織るために復元した空引機《そらびきばた》

仏教伝来と新しい色彩

世界のどの地域でも見られることだが、日本人の宗教の源も、自然界に存在する象徴的なものを畏敬し、崇拝するものであった。大樹が茂り人間が容易に近づくことができない急峻な山、海に突き出した岬や奇岩、村にあるひときわ高い樹木、海原、豊かな水をたたえる川、そして岩などには神が降臨し、またそこに宿っているとして崇めてきたのである。

農耕社会となってからは、人びとは春にはその年の豊作を祈り、秋には収穫に感謝する新嘗《にいなめ》の祭礼などを自然の神に捧げてきた。

六世紀にいたって、日本には新しい信仰の波が押し寄せてきた。仏教の伝来である。神々の国日本に伝えられた仏教は、まず渡来人の集団に信心され、豪族のなかでは蘇我氏がそれにつづいた。蘇我氏とそれに対抗する物部氏とのあいだで崇仏をめぐる戦いが起こり、蘇我氏が勝利すると、それをうけて仏教は飛躍的に発展していく。

中国において発展した大乗仏教が朝鮮半島を経て日本へ伝えられたということは、それまでに日本には見られなかったまったく新しい華麗な色彩が天から舞い降りるかのように広がっていったということでもある。

仏教の伝来にともなって、五八八年、百済から、寺工、鑪盤博士《ろばんはかせ》、瓦博士、画工《えだくみ》などの技術者が日本へ渡来してきて、飛鳥寺《あすかでら》の造営がはじまった。柱木は皮がむかれて丸太となり、そこには朱《しゅ》あるいは弁柄《べんがら》の赤が塗られ、連子窓《れんじまど》には緑青《ろくしょう》（マラカイト）が塗られて縞文様をなし、塔の上には金色に輝く相輪《そうりん》がそびえた。堂内に安置される仏像は、これも金で鍍金《ときん》された金銅《こんどう》仏《ぶつ》で、扉が開けられて陽の光が射すと、金色に輝き、参拝に訪れた人びとはそれら極彩色の世界に驚きを禁じえなかったことであろう。

こうした渡来人とその文化が相まって、政治にも新しい潮流が生まれた。五九三年に即位した女帝推古天皇は、甥の聖徳太子を摂政として政務にあたらせた。聖徳太子は新しい政策を遂行するにあたり、仏教を中心とする国家を形成しようとして、斑鳩《いかるが》寺(法隆寺)を建立した。

冠位十二階の色

聖徳太子の新しい政策のなかで、日本の色彩史において重要なものは、冠位十二階の制である。それまでの冠位が「氏」にあたえられ、世襲されるものであったのを、個人の才能や功績に応じてあたえ、さらに昇進できることを目的としたものであった。この制度の根源は中国にある。つぎの五行思想の表と冠位十二階を見比べていただきたい。

色彩としては、はじめ中国ではこの五行思想にもとづいて、中央の土にあたる黄色が尊ばれ

東洋五行配当表

五行	木	火	土	金	水
五色	青	赤	黄	白	黒
五方	東	南	中央	西	北
五時	春	夏	土用	秋	冬
五事	貌	視	思	言	聴
五臓	肝	心	脾	肺	腎
五常	仁	礼	信	義	智
十干	甲《コウ》《きのえ》 乙《オツ》《きのと》	丙《ヘイ》《ひのえ》 丁《テイ》《ひのと》	戊《ボ》《つちのえ》 己《キ》《つちのと》	庚《コウ》《かのえ》 辛《シン》《かのと》	壬《ジン》《みずのえ》 癸《キ》《みずのと》
十二支	寅《イン》《とら》 卯《ボウ》《う》	巳《シ》《み》 午《ゴ》《うま》	辰《シン》《たつ》 戌《ジユツ》《いぬ》 丑《チユウ》《うし》 未《ビ》《ひつじ》	申《シン》《さる》 酉《ユウ》《とり》	亥《ガイ》《い》 子《シ》《ね》

聖徳太子の冠位十二階(603年制定)

小智 大智	∨	智	‖	黒	∧	淡黒 濃黒
小義 大義	∨	義	‖	白	∧	淡白 濃白
小信 大信	∨	信	‖	黄	∧	淡黄 濃黄
小礼 大礼	∨	礼	‖	赤	∧	淡赤 濃赤
小仁 大仁	∨	仁	‖	青	∧	淡青 濃青
小徳 大徳	∨	徳	‖	紫	∧	淡紫 濃紫

『日本の色辞典』(紫紅社, 2000年)より

ていたが、のちに太陽あるいは火を意味する赤が正色だと考えられるようになった。ところがいまからおよそ二千五百年ほど前、周の春秋時代に、五色に加えて、青と赤の間色である紫が尊ばれるようになってきた。そのころに、儒教を確立した孔子の『論語』陽化篇には「紫の朱をうばうを悪《にく》む」とあり、そのような世相というか、流行を嘆いている。色彩の位としては、五色から六色へと

移ったことになる。中国ではそれがつづいていたようで、日本が隋の国の制度をまねたおりもそれを踏襲しているのである。

冠位十二階を見ると、五行の配当表の「五常」の「仁」の上に、「徳」すなわち紫がもうけられていたことがわかる。官人の冠には、それぞれの色に染めた布が縫いこめられ、さらに冠位の色にともなった服装を着用することになっており、儀式の場に臨む官人たちの身分は、冠と衣服の色によって一目でわかるものとなった。

このような服飾は、朝廷より下賜されたものであるから、おそらく錦織部のような公の染織工房があって、国の命で仕事をしていたと推察される。ということは、この時代に、日本において華やかな色彩を染める植物染の技法が十分に実在していたという証しでもある。

蜀江錦と太子間道

聖徳太子はまた、六〇七年、中国の隋へ特使小野妹子を送り、倭の五王の時代から、じつに百数十年ぶりに大陸と交渉を再開した。翌年には隋の国使裴世清《はいせいせい》が来日し、それを機会に多くの留学生や僧侶が海を渡った。このような大陸との交渉のなかで、中国でつくられていた、より高級な絹織物も多くもたらされ、宮中はもちろん、寺院の装飾あるいは貴人たちの衣服を華麗なものとしていった。そのような染織品の一部は、千三百年の歳月を経たいまも法隆寺に伝世し、私たちも目のあたりにすることができる。

そのひとつに「蜀江錦《しょっこうにしき》」と名づけられたものがある。赤地に経《たて》の糸を浮かして文様をあらわす経錦《たてにしき》と呼ばれる技法で織られている。これは、中国で紀元前後にはすでに用いられていた、機《はた》の高いところに人がのり、経糸を上げ下げする空引機《そらびきばた》で織られ、織技としては完成度の高いものである。「蜀」は現在の中国四川省のあたりを指すといわれ、当時この地で赤地の錦を織ることを得意としていたとされるところから、その名がつけられたと考えられている。

法隆寺にはこの種の裂《きれ》が、格子《こうし》花文《かもん》、亀甲唐花《きっこうからはな》文、双鳳連珠円《そうほうれんじゅえん》文と、三種伝わる。このうち双鳳連珠円文とほぼ同じものが、イギリスの探検家オーレル・スタインによって中国西域のトルファンのアスターナ遺跡から発掘されている。なお、格子花文は敦煌莫高窟《ばっこうくつ》の文様に描写されている。

もうひとつ、聖徳太子ゆかりの裂として、「太子《たいし》間道《かんどう》」と呼ばれる経絣《たてがすり》がある。絣というの

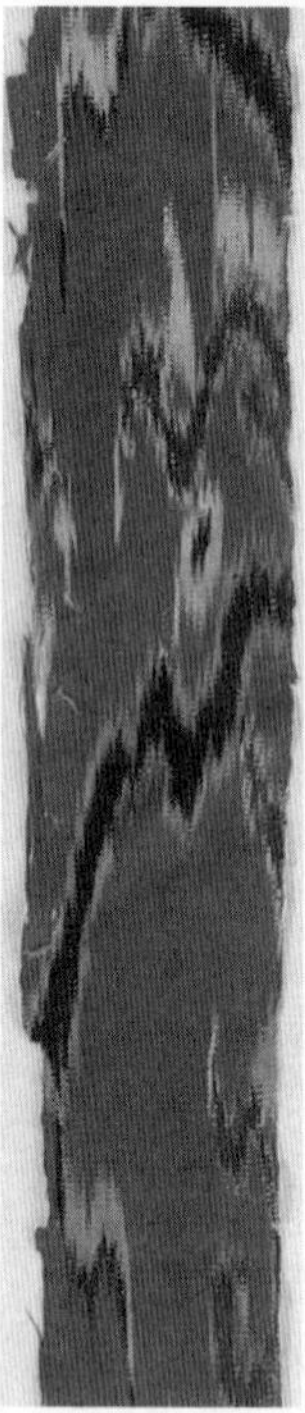
太子間道（法隆寺蔵）

は、機にかける前に糸を部分的にくくって染色し、染料が浸透したところとそうでないところの対比によって文様をあらわす技法である。

絣はインド、インドネシア、日本、そして中米メキシコ、南米アンデスなど世界の各地でおこなわれてきたが、法隆寺のそれは、現存する世界最古のものである。その生産地については諸説があるが、中国の内陸部の漢民族系の人たちには絣をつくった形跡が見られない。現在も西域の、ホータン、アフガニスタン、トルコなどいわゆるトルキスタン系の人びとによって織られている絣とよく似ているところから、私は、そのあたりが故地ではないかと推測している。

このような裂類はいつごろ法隆寺にもたらされたのだろうか。法隆寺の金堂には四仏浄土図と八菩薩像が描かれている。昭和二十四年（一九四九）の火災で消失したが、第三壁の観音菩薩像の僧衣の腰のあたりには、太子間道を見て描いたと考えられるような文様が表現されている。同じく第六号壁の観音像には蜀江錦が描かれており、七世紀の前半に遣隋使が持ち帰った可能性が高いと思われる。法隆寺に伝来する裂類は、千数百年を経たいまも美しい色彩をのこしており、その復元にたずさわる私も、見るたびに新しい感動をおぼえるのである。

ラック貝殻虫の赤

とりわけ私は、赤系の色に目を奪われる。中国およびその周辺の地域では、赤を染めた材料としては、茜《あかね》、紅花《べにばな》、蘇芳《すおう》、そしてラックという貝殻虫の染料の四つが考えられる。

そのなかで、退色しやすい紅花と蘇芳は、法隆寺裂からはまず除外してよいように思われる。そうすると茜か、虫のラックである。中国あるいは日本に生育する茜による染色では、赤のなかにもかなり黄味が感じられるが、蜀江錦の赤をじっくりと見ていると、どちらかといえば青味が感じられる。断言は控えたいが、私の実感としては、ラックで染めた可能性が高い。

このような貝殻虫は、世界に一万種もいるが、色素とその樹脂分が古くから実用的に用いられてきたのは、つぎの三種である。

ラックカイガラムシ(アジア)

ケルメス(地中海)

コチニール(中南米)

ラックカイガラムシは、オオバマメノキ(マメ科)やアコウ(クワ科)、ライチ(ムクロジ科)、イヌナツメ(クロウメモドキ科)などに寄生、共生していて、赤色の色素を含んだ樹脂と蛋白質の分泌物でみずからの身体をおおっている。東洋においては、インド、ブータン、ネパール、チベット、ミャンマー、タイ、インドネシア、中国南部で採集される。漢字では紫鉱と記されており、唐の時代に編纂された『新修本草』にも見えるところから、その使用はかなり古くからであったと見られる。

日本にはおそくとも奈良時代には将来されて、正倉院に収蔵されている薬物のなかにも、雌虫が分泌したヤニ状の物質がついたままの細枝が保存されている。『種々薬帳』には「紫鉚」と記されている。

これを染色に用いるには、まずこの固まった樹脂を少量の米酢を入れた湯のなかで煎じる。すると液は赤くなり、その一方で樹脂は容器の底にたまる。赤い液だけを取り出し、そこへ絹糸を浸けておよそ三十分間繰る。そのあとよく水洗する。そして天然の明礬《みょうばん》を湯で溶かした大きな浴槽で約三十分繰る。このような工程を何度も繰り返していくと、青味のある鮮やかな赤色に染まる。ちなみに、近代では色素を抽出したあとの樹脂は、電気の絶縁材や古くはＳＰレコード盤などにも使われた。

国産の刺繡の色

法隆寺には、中国から将来された裂《きれ》だけではなく、七世紀に日本でつくられた裂ものこされている。「繡仏《しゅうぶつ》」と称されるもので、刺繡によって瑞雲にのり琴を奏でる天人の姿をあらわしている。いまでは小さな断片にすぎないが、かつては寺院の柱、軒先などにかけられた幡《ばん》や幟《のぼり》の足の部分であった。紫草の根で染められた紫、茜で染められた緋の色、蓼藍《たであい》による縹色《はなだいろ》（薄い藍色）、刈安と思われる黄色、藍と黄色の染料をかけあわせた緑と、多彩に染められた糸に強い撚《よ》りをかけて、経糸を交叉させて織りあげた羅という薄い絹布に刺繍している。法隆寺のすぐ東隣にある尼寺中宮寺には、推古天皇三十年(六二二)に亡くなった聖徳太子を追慕して、その妃 橘 大郎女《たちばなのおおいらつめ》がつくらせたという「天寿国繡帳」が伝えられている。その残欠部には、蓮台にのる仏像、僧侶や一般の人びと、飛雲に鳳凰、唐草、兎、亀、仏教寺院など、聖徳太子が往生された天寿国の様子が描かれている。この「天寿国繡帳」を見ると、日本でも、中国や朝鮮半島におとらない植物染料による染め技術が完成していたことがうかがえ、また、人物像からは、当時の宮廷の貴族の服装がどのようなものであったかを推測することができる。

渡来品の獅子狩文錦

法隆寺にはまだ注目すべき裂がある。それは「四騎獅子狩文錦《しきししかりもんきん》」である。のこされた姿は、幅一三九センチ、長さ二五〇センチという大きなものであり、いかにもペルシャふうの文様である、馬上から弓矢をもつ四人の騎士がいままさに獅子を射たんとする姿が、安石榴《ざくろ》と思われる樹の下に描かれている。その周囲は連珠で囲まれ、さらにそのまわりには唐花文様が配されている。

寺伝によれば、これは遣隋使小野妹子が隋の国から持ち帰ったもので、聖徳太子が馬で御行されるときの御旗であったということである。

平成十三年(二〇〇一)は聖徳太子が亡くなって千三百八十年という年で、法隆寺では十年に一度の聖霊会《しょうりょうえ》など、太子を偲ぶ記念行事がつぎつぎとおこなわれた。

私の工房では、法隆寺、東大寺、薬師寺などの仕事にたずさわっていることもあって、その年に、法隆寺伝来の四騎獅子狩文錦を復元することになった(カラー口絵参照)。

この錦は現在は退色して薄茶色の地になっているが、鎌倉時代に記された『聖徳太子伝私記』に「四天王敷、文錦一丈許、赤地」とあって、赤地の錦であることがわかる。織り技法だけではなくその色彩ともども往時の姿を再現することになった。また、この錦は、さきに記した蜀江錦が経糸を浮かした経錦であるのに対して、緯糸《よこいと》を浮かして文様を描く緯錦《よこにしき》であり、空引機で織られている。私たちの仕事は、まずその古代の機つくりからはじまった。高さが四メートル、幅二メートル五〇センチ、長さが八メートルという巨大な機である(本章扉参照)。

四騎獅子狩文錦を復元する

馬に乗り弓をひいて、まさに獅子を射ようとする人物像は、いかにもペルシャふうの文様であるが、馬の一部に「吉」「山」という漢字があらわされており、このような精緻で高度な技術がほどこされた絹織物は中国の中原地方、あるいは蜀の国以外で織ることは不可能であると考えている。そのため私は、盛唐時代に中国で織られたものが法隆寺にもたらされたと推定している。

その時期も聖徳太子の生存中ではなく、法隆寺が再建された天武・持統天皇のころ、聖徳太子信仰が起こるころではないだろうか。そして、「赤地」の錦とあったように、日本へもたらされたころは、燦然と輝く紅の地に、濃藍の連珠文、そして槐《えんじゅ》の黄色と茜染をかけあわせた黄赤色の色糸によって安石榴の果実が、さらに淡い藍と緑青のような淡緑、そして黄色によって、いままさに獅子を射ようとするペルシャふうの人物文様があらわされていたと推し量った。

とりわけ地の赤色については、さきの紫鉱や茜の可能性も捨てきれないが、あえて紅花と考えたのは、『万葉集』に「紅《くれなゐ》は移ろふものそ橡《つるはみ》の馴れにし衣《きぬ》になほ若《し》かめやも」（巻第十八）とうたわれているように、紅花で染めたものは時とともに退色しやすいからである。紫鉱とか茜であれば堅牢であり、今日までその色が、もう少しのこっていてもいいはずである。

今回の復元では、藍は中国、日本に生育する蓼藍を用いてやや濃紺にして、顔料の緑青に近い色をした淡緑には、蓼藍の生葉《なまは》でうすく染めたあと黄《き》蘗《はだ》をかけた。

鮮やかな黄色は、これも中国の『斉民要術《せいみんようじゅつ》』に書かれている槐の蕾を用い、安石榴の木の文様をあらわした。その実の赤は今日まで比較的黄赤色がのこっているところから茜と考えた。

一日に織れるのは約一センチ、これを法隆寺にのこっている大きさの、二メートル五〇センチほど織るのには三、四人の工人がかかっておよそ一年を要するのである。

地方への技術の広がり

西暦六〇〇年代前後は職人たちは錦織部、綾部、呉服部《くれはとりべ》などの「部《べ》」によって、朝廷および蘇我氏などの豪族に擁護されていた。そのなかで錦部定安那錦《にしごりじょうあんなこむ》という一団は、河内の桃原、真神原《まがみはら》にその工房をかまえたという。工房は、近江国滋賀郡、浅井郡にもある。これらはいずれも奈良の都に近いところである。さらには信濃国筑摩郡錦服郷《にしきとり》、美作国久米郡錦織郷、四国讃岐の綾部という遠方にもあり、呉服部は摂津国豊島郡、河内、伊勢などに見られる。

大化の改新をへて律令国家の形成が現実のものとなり、文武天皇のときに大宝律令が完成するにおよんで、より強固な国家体制が確立されていった。その律令の組織のなかで、色彩関係のものを見てみると、中務省《なかつかさ》に縫殿寮《ぬいどの》や画工司があり、大蔵省縫部司、織部司《おりべのつかさ》、宮内省に内染司がある。そのなかの織部司には挑文師《あやとりし》四人と挑文生八人がいる。挑文師は錦を織るさいに文様をまず考え、織り組織を図式化して、織機にどのように経糸緯糸を通し、操作するかを考えるのが仕事である。

和銅四年(七一一)から挑文師の指導が各地にひろまり、その二年後には桉作磨心《くらつくりのましん》という人物が、すぐれた錦、綾を織りだして、柏原村主《かしわらのすぐり》の姓を賜わったとある。また、同年に刀母離余《ともりよ》叡色奈《えしな》が暈繝染《うんげんぞめ》をはじめ、その功によって姓を授けられている(『日本後紀』)。暈繝染とは、同系統の色がグラデーションになるものを指すが、それが染色であるのか、織りによる表現なのかはわからない。正倉院宝物のなかに、染物では羅織の生地をあらかじめ黄色に染めてから、板で布を挟む夾纈《きょうけち》染の技法によって藍をかけ、黄から緑の暈《ぼか》し染にした「暈繝夾纈羅《うんげんきょうけちのら》」と名づけられたものが見られる。織物では、「七曜菱文暈繝錦」と称するものがあって、横段で色が濃淡にあらわされ、和様美の萌芽を思わせる小花が並んでいる。

いずれにしても、中国大陸、朝鮮半島からの渡来人によってその技術が根づいていった日本の絹織物と、それを染める植物染、そして錦や綾の織物、さらには絞り(纐纈《こうけち》)、夾纈、臈纈《ろうけち》の三纈《さんけち》による染め物などが、七世紀中葉から八世紀の前半にほぼ完成の域に達して、かなり水準の高いものが生産できるようになったといえよう。それも奈良の都、河内平野といった都の近くだけでなく、今日まで伝えられる尾張国、駿河国などの正税《しょうぜい》帳(決算報告書)を見ると、錦、綾、羅など高度な技術が必要とされる織物類も地方で生産されるようになっていったことが知れるのである。

紫草

聖武天皇が発願した東大寺大仏殿建立は、奈良時代における歴史的な出来事というよりも、日本の国がシルクロードという東西文明の壮大な交流のなかにようやく仲間入りし、確立されたことの証左であったといえる。

東大寺大仏殿が完成して、天平勝宝四年（七五二）四月九日に開眼会《かいげんえ》が盛大におこなわれた。『続日本紀』（巻第十八）によれば、「仏法東《ひむかし》に帰《いた》りてより、斎会《さいゑ》の儀《ぎ》、嘗《かつ》て此《かく》の如く盛《さかり》なるは有らず」と記されている。

日本、朝鮮半島はもとより、中国、インド、ペルシャからも参列者が招かれていた。開眼会の導師には、天竺国すなわちインドからやってきた僧菩提僊那《ぼだいせんな》があたり、皇族、高官、僧侶など一万人もの人びとが参集するという、かつてない華麗な法要が営まれたのである。

列席者は南大門から大仏殿中門のあいだまでは、屛風百畳が飾られたなかを行進したという。

東大寺正倉院には、東大寺を建立した聖武天皇が亡くなったあと、妃である光明皇太后がその冥福を祈って献納した天皇御遺愛の品々が収蔵されている。それぞれの品を明記した目録である『国家珍宝帳』もそえられていて、正確な記録に裏づけされて、貴重な資料となっている。

また、この大仏開眼会の、盛大で国際色豊かな儀式に用いられた仏教儀式用具、さらには当時東大寺でさまざまな行事に使用されていた資財も収蔵されており、華やかな天平文化をそのまま包み込んだように、今日まで伝えられている。

正倉院の裂を見る

東大寺正倉院は大仏殿の北にある。小さな門から砂利道を進むと、黒茶色の倉が目に入ってくる。檜の三角材を組み合わせた校倉《あぜくら》造りの高床式である。湿度の高い日本で、千二百年もの長い年月にわたって宝物を守ってきたのは、この木組みと地面から高くなった床という設計である。それにしても、近くにあった大講堂はいまは松林になっていて、巨大な建造物を支えた礎石にしかそのよすがを偲ぶことができないし、その向こうに見える大仏殿も二度も焼失して再建されたことなどを思うと、よくぞこの正倉院宝庫が今日までのこっていてくれたという思いがする。

しかも、このなかの収蔵品が、千二百年もの長く激しい時の流れのなかで、ほぼ完全なかたちでのこされているのは、歴史上の奇跡といわなければならないであろう。中国は唐の都、イタリアのローマ、ギリシャのアテネなど歴史を誇る大都市の遺跡の多くが、一度は廃墟と化して土のなかに埋もれ、発掘によって再びその姿をあらわしたものであることを考えれば、日本の法隆寺にしても正倉院にしても、建物と宝物が地上で伝世されてきたことは、まことに僥倖といわなければならない。

染織に携わる者としても、ここにのこされた「正倉院裂《ぎれ》」と称されるおびただしい数の裂類、そして彩色された和紙が、仕事の大きな指標となっているのである。

日常にきわめて便利な用具を使って生活している現代人から見れば、いまから千二百年も前のことであるから、さぞかし不便な生活を送り、道具類にも恵まれていないように想像するだろうが、染織品の一点一点を詳細に見るとき、それぞれに高度な技術がほどこされていることに驚き、その完成度の高さにただただ目を見張るばかりである。正倉院に収蔵されている裂類は、小さな断片も含めると、十数万点にものぼり、往時のシルクロードを行き交った技術の粋がここに収められているといっても過言ではない。

以下に私が四十年近く毎年のように正倉院展にゆき、さまざまな染織品を眼にし、さらに、かつて流出して、現在は民間の収集家、古美術商の手許にある裂帳を何冊も肉眼で拝見する機会があって、印象にのこった色の記憶を記していきたい。

高貴な色　紫

まず、なにをおいても、飛鳥時代より高位の象徴であった紫草の根(紫根《しこん》)で染められた染織品から見てみたい。

正倉院にのこる紫の染織品はかなりの数を占めるが、なかでも特筆すべきものは、聖武天皇が愛用していたといわれる脇息の紫地鳳凰文様軾《じょく》である。紫地の緯錦《よこにしき》で、唐草風の花葉文で円形の枠をつくり、その中央に鳳凰を紫、緑、茜、白の色糸であらわしている。紫の色をふんだんに使った豪華な錦で、まさに権力をほしいままにした聖武天皇がもたれかかる脇息にふさわしい光彩を放っている。紫草の根を使う染めは、もとは中国より伝来した技法であるが、それよりおよそ三世紀近い年月がたった天平時代の中ごろには、その技法は完璧なまでに完成していたと考えられる。その詳細は次章の『延喜式』の項で述べるが、『万葉集』に、「紫は灰指すものぞ海柘榴市《つばいち》の八十《やそ》の衢《ちまた》に逢へる児《こ》や誰《たれ》」（巻第十二）という歌があるように、紫染には椿の生木の灰が媒染剤として必要であることがすでに知られていた。

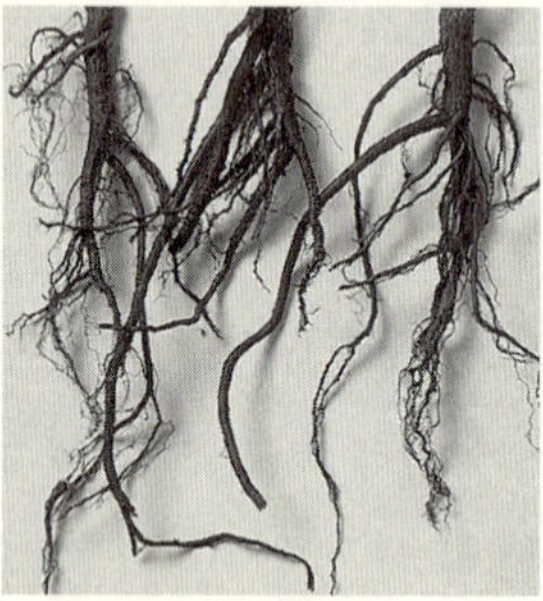

紫根（紫草の根）

紫草に関しての文献として、「正倉院文書」に豊後国（現在の大分県）正税帳がある。その天平八年（七三六）の項に、

球珠郡　天平八年、定正税稲穀壱万漆千弐百弐拾斛《こく》陸斗捌升弐合弐勺

国司巡行部内　合壱拾肆度……

壱度蒔営紫草園（守一人従三人並四人二日）単捌人上弐人（守）従陸人……

壱度随府使検校紫草園（守一人従三人並四人一日）単肆人上壱人（守）従三人
壱度掘紫草根（守一人従三人並四人二日）単捌人上弐人（守）従陸人（傍点筆者）

と記されており、国司が年に三回、すなわち、種をまくとき、生育状況、そして紫草の根の収穫を把握するためと、巡行していることが記されていて、すでに紫草の栽培がおこなわれていたことがわかる。

幻の技法、多色夾纈の復元

正倉院に伝えられる屏風には、「鳥毛立女《りゅうじょ》屏風」のように絵画的なものと夾纈屏風、﨟纈屏風など染色によるものとがある。

私の工房では、そのなかの夾纈屏風の復元に取り組んでいる。この屏風は天平勝宝八年（七五六）六月二十一日、光明皇太后から献納されたもので、献物帳に「鹿草木《しかくさき》夾纈屏風十七畳」と記されているうちの一扇である。高さが一六七センチ、幅が五七センチ、中央上部には赤い実をたわわにつけた立樹、その下には岩に草、その下方に草を中央にはさんで、鹿が二頭向かい合っているという構図である（カラー口絵参照）。

夾纈は、文様を彫った二枚の厚い板のあいだに布を挟んで染める技法である。この図柄も詳

鹿草木夾纈屏風を染める

細に見ていくと、一枚の布を縦にふたつに折って、板に挟んで染めたことがわかる。
このたび再現した方法はつぎのとおりである。まず、文様を縦半分に分割して、その文様を和紙二枚に同じように写し取る。
つぎに、厚さ五センチ、長さ一六七センチ、幅三〇センチほどに切った桜の板を二枚用意し、一枚に写し取った和紙を張る。もう一枚の板には、和紙の裏面を貼って文様を彫っていく。つまり左右対称になる文様の板を二枚つくり、そのあいだに布を挟むのである。文様の色彩が入る部分には無数の穴をあけて、そこから染料が入っていくようにしておく。二枚の板でおよそ二千個の穴をあけなければならない。この夾纈屏風には、五色の彩りがあると判断した。茜の濃淡、藍、緑系の濃淡が用いられている。緑のためには、藍と刈安の黄色をかけあわせる必要がある。

鹿と木から垂れ下がっている実の色は濃い茜にする。鹿の角などは淡く茜をかける。その部分の穴は開放したままで、それ以外の穴はすべて栓をする。茜の淡いところは、ある程度時間がたてば一度染液から引き上げて栓をし、色を押さえるようにする。

この染めに用いる乾燥させた茜の根は約一六キロ、媒染に利用する椿灰は四キロで、およそ十日を要した。浴槽の大きさは縦二五〇センチ、横八〇センチ、深さは一メートルあまりである。

茜の染色のあと、茜色の染料が入る穴にはすべて栓をして、岩をあらわす藍色の部分と、木の幹と葉、草花の葉の部分の栓をはずす。今度は藍の染液に浸けるのである。

天平の藍

ところで、藍の色は誰にでも親しみのあるものである。藍という言葉は、染料と色名の総称とでもいうべきもので、植物そのものを指しているわけではない。藍の色素を含んでいる葉は草本、樹木など多岐にわたっている。それぞれの地方の気候風土に合って、生育しやすく、大量に採取できるものが選ばれてきたのである。

インド、アフリカなど熱帯性気候の地では、マメ科の木藍である印度藍やナンバンコマツナギ、中国の南部やタイ、ラオス、沖縄などの亜熱帯ではキツネノマゴ科の琉球藍、日本や中国揚子江流域などの温帯地方ではタデ科の蓼藍、ヨーロッパや北海道などの寒帯ではアブラナ科の大青《たいせい》がそれぞれ用いられてきた。

藍の色素を含んだ蓼藍の葉を刈りとって染める技術が日本へもたらされたのは、五世紀、応神天皇から雄略天皇のころといわれている。中国あるいは朝鮮半島から渡来した技術者がもたらしたものである。やがて、六世紀の終わりに聖徳太子は、推古天皇の摂政として冠位十二階を定めて、冠と服装の色によって位を分けようとした。前に述べた、紫、青、赤、黄、白、黒、それぞれの濃淡による十二色である。この「青」は当然のことながら、藍染であった。

このような天皇を頂点とする朝廷の群臣、および神仏に仕える者への服装品などを司る役所として織部司があった。そこには、正《かみ》、佐《すけ》、令史《さかん》という管理者と挑文師《あやとりし》がいて、各地の染織をおこなう「戸」に技を指導し、製作を命じていた。そのなかには、錦綾織百十戸、呉羽部七戸、河内国広絹職人三百五十戸、緋染七十戸、藍染三十三戸があったと『令集解《りょうのしゅうげ》』に記されている。

奈良時代には藍の染色技法もすでに完璧なまでに完成していたとみえ、正倉院宝物のなかにもいくつもの遺品を見ることができる。なかでも、「開眼縷《かいげんのる》」と記された縹色《はなだいろ》の紐の束はいまでも美しい色をのこしていて印象的である。天平勝宝四年、東大寺大仏開眼法要のおりに大仏の眼に墨を点じる筆に結びつけられて、長くのばされたこの紐を法要に参列した人びとが手に取り、開眼の功徳にあずかるとともにその墨入れの瞬間の感動を分かち合ったといわれるものである。

当時の藍染の技法については、文献などがほとんどなく推察の域を出ないが、藍の生育する旧暦の六月から十月までのあいだに生の葉を刈りとり、そのまま染めるか、それらを水に浸けて沈殿させて、色素を水に溶かすようにしてから、木灰を入れてアルカリ性にして、そこに酒などの発酵をうながすものを入れて染色していたと思われる。

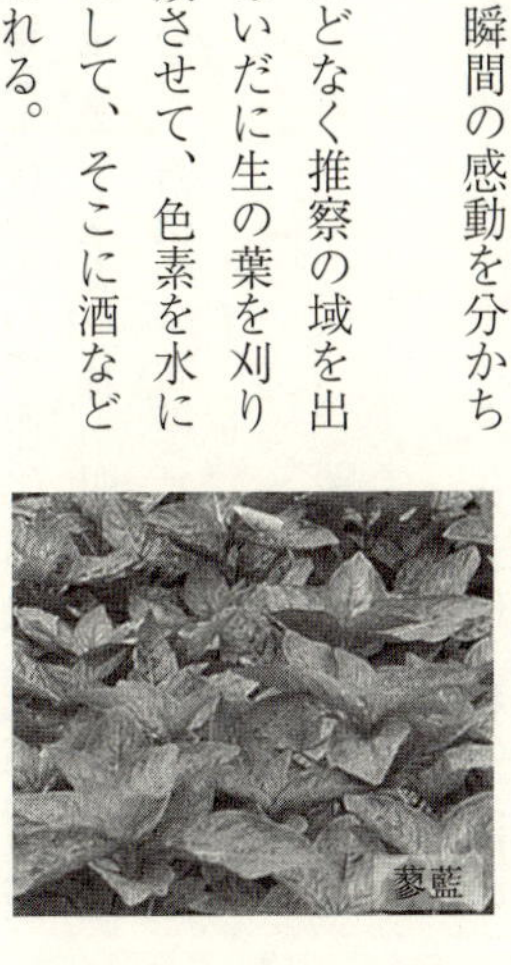

蓼藍

紫紙に書かれた経典

紫の染色は布や糸だけではなかった。仏教を崇拝し、その布教に心を配った聖武天皇は、経典をより壮麗で装飾性あふれるものにしようと、紫で染色させたのである。天平十二年(七四一)に諸国に国分寺をつくる詔《みことのり》を発し、そこの七重塔に納めるための、濃い紫根染の紙に金字で書写させた「紫《し》紙《し》金字《こんじ》金光明最勝王経《こんこうみょうさいしょうおうきょう》」は、現在も奈良国立博物館に収蔵されている。

それは、紫根から抽出した色素を、おそらく椿灰で沈殿させて絵具状の濃い紫色の染料をつくり、和紙に何度も刷毛《はけ》で塗る引染《ひきぞめ》によるものと私は思っている。なぜなら、その経典の損傷箇所から紙のなかが見え、芯は白いことがわかるからである。濃度をあげながら何度も染料の液に浸ける浸染《つけぞめ》であれば、紙の芯まで色素が浸透していく。だが紙は、糸や布とちがって長時間で、しかも温度を上げる染色には耐えられないし、椿灰汁のなかに入れておくと、アルカリ性の液であるから紙質が溶けてしまう。引染でなければ濃度を上げることはできない。それでも染屋の立場から見れば、これほど手間のかかる染め紙はないのではないかと思われる最高の紙であり、そこへ金泥で経文を書写するわけだから、このうえなく豪華な経典なのである。

さらにこの経典を包む、「最勝王経帙《ちつ》」と呼ばれる経帙が、正倉院にのこされている。密に並べた細竹を芯に、やはり紫根染の紫と白の絹糸で編み上げたものである。中央には霊鳥である伽陵頻迦《かりようびんが》が配され、そのまわりには「依天平十四年歳在壬午春二月十四日勅」「天下諸国毎塔安置金字金光明最勝王経」の文字があらわされている。紫紙の経巻はこれに包まれて総国分寺である東大寺に納められた。

紙を染めるということ

正倉院宝物のなかで、私がおおいに注目しているのが、「紙」である。それは、私の工房の植物染には、布や糸とともに、和紙を染める仕事もかなり多く含まれるからである。

日本の律令国家が確立されたのは七世紀になってからであるが、その陰には、製紙技術の発達があったことをみのがしてはならない。というのは、国家を形づくるには、法典をつくり、官吏をはじめ国民に示さなければならない。また戸籍を整えなくてはならない。氏姓、家系をただし、労働などによって課役と租税を納める人民の一覧表を全国にわたって作成することが急務であった。民部省には主計寮という部署があり、調や雑物を収取して分配する。また、主税寮もあり、こちらは田租の収取と管理の役を担っている。中務省の図書寮では書籍と国史の編纂をしている。このような部内にはおびただしい枚数の紙と墨などが必要であった。

『日本書紀』推古天皇十八年(六一〇)の条に、「春三月に、高麗《こま》の王、僧曇徴《どむてう》・法定《ほふぢやう》を貢上る。曇徴は五経を知れり。且《また》能く彩色《しみのもののいろ》及び紙墨《かみすみ》を作り、幷て碾磑《みづうす》造る」とあって、このときが日本における紙墨のはじまりのように考えられていたが、今日では五世紀前後に渡来人によって陶器、染織などの高い技術がひろまったころ入ってきたとされている。

植物の繊維を砕いて水槽に入れ、簀《すのこ》で漉《す》きあげる製紙技術は、中国で発明されたものであるが、それが日本へ伝えられると、律令国家の創成と仏教の伝来ともあいまって、飛躍的に発展していったのである。

それには天皇を中心とする宮廷人の仏教への傾倒も大きな要因となった。天武天皇は六七三年、飛鳥の川原寺において書生を集めて一切経の書写をおこなったという。その後、奈良時代にかけて、一切経だけでもおよそ五千巻に及ぶ写経が二十数回おこなわれ、さらに華厳経、金光明最勝王経、法華経、大般若経などの特別な願経もつぎつぎと制作されたので、これにあてられた紙の数は厖大なものである。加えて、奈良時代では色彩豊かな紙が製造されていたことが知られる。糸や布に色を染める技術と同じように、紙を染めて装飾性を高めることもかなり古い時代よりおこなわれていたのである。

正倉院には数えきれないほどの和紙が保存されている。これほどの量の紙を漉きあげることができるということは、高い水準の技術が日本の各地の紙漉き場にあったということで、華やかな色彩に染められたものを見ると、中国を凌ぐほどの技が完成していたことがわかるのである。

それらのほとんどは仏教を広布する写経や、蓮の花弁をかたどった散華《さんげ》などのためで、寺院において使われていたとみてよい。仏教をひろめるために経典をつくり、また、国家鎮護の願いをこめて寺に経巻を納めることを、ときの為政者たちは製紙と染色の技術に支えられておこなったのである。

紙に見る黄色

「正倉院文書」から、その当時納められた染め紙の名称とその数量を知ることができる。そこにも黄染紙、黄麻紙、藍紙とあって、それらを合計すると三百万枚を超えている。そのほか、刈安《かりやす》紙、紫紙、紅紙、蘇芳紙、縹紙、藍紙、緑紙、木芙蓉染、須宜染《すきぞめ》紙などがある。まず「黄紙」の枚数が飛び抜けて多い。これは、紙が虫に食われない防虫効果と、また墨の線が生きるようにと、黄蘗《きはだ》で染める習慣が中国から伝わったためである。

古代インドでは、文書や手紙を書くのにヤシ科のターラの樹の葉貝多羅葉《ばいたらよう》を用いており、仏教の経典もそれに書写されていた。ところが製紙技術を発明し、いちはやく良質の紙を生産した中国では、経文を紙に書写するようになり、それも黄蘗で染められた紙が多かった。そのような例は、敦煌莫高窟などで発見された経文にも多く見られる。六世紀の中国の農業技術書『斉民要術』にも、黄蘗で染めると虫除けになり、長く保存するのによいとある。日本でもその影響を受けて、黄蘗染の経典紙を多くつくるようになったと考えられている。黄蘗はミカン科の落葉高木で、樹皮の内側にコルク層があり、そこに苦味のある黄色の色素が含まれている。

刈安紙とあるのも黄色の紙である。刈安はイネ科の宿根草で、薄《すすき》とよく似ていて見紛うが、薄よりやや背が低く、穂も二、三本しかついていない。刈安、楊梅《やまもも》、槐《えんじゅ》などの主な黄色染料は植物のなかのフラボンという色素によっている。刈安の産地としては、琵琶湖の東にそびえる伊吹山が有名で、「正倉院文書」にも「近江苅安」と記されており、その歴史の深さが知られる。なぜ伊吹山のものがいいかというと、この山の山麓には針葉樹、広葉樹がおおいつくすように茂っているが、山頂の近くには高木がなく、草原のようになっている。したがってそこには強い太陽が照りつけて、紫外線が強くあたるため、山頂の刈安はそれを避けるためにおのずと大量のフラボンを含んで身を護る必要に迫られることになり、より多くの色素を蓄える。そのため、「近江刈安」と称されるほど黄色の染料として名高いものになったのである。私の工房では、伊吹山山麓で薬草を扱う方から、毎秋、刈りとって乾かされたものが送られてくるのを心待ちにしている。

刈安も黄蘗と同じように黄色の紙になるが、染色方法がやや複雑である。まだ青さののこる草を水に入れて煎じると、黄色の色素が抽出される。これは紫根、茜と同じように媒染《ばいせん》染料で、染料の液と椿の灰の溶液の浴槽に交互に入れることによって染めの濃度が増していくのである。したがって、刈安紙とあるのは、黄蘗よりも濃い黄色のはずである。

紅花で染めた紙

紅花は日本へ伝わってから、その鮮烈な色からも万葉人に好まれ、「紅の花にしあらば衣手に染めつけ持ちて行くべく思ほゆ」(『万葉集』巻第十一)をはじめ、愛しい人に詠みかける、恋の歌にも多く歌われた。

紅花を、絹糸や絹布に染める場合は、第一章でも述べたように、抽出液を何度もくぐらせれば濃い色に染まる。しかし紙を染めるには、紫紙と同じように、色素を沈殿させて絵具のようにしなければならない。これは化粧用の頬紅、口紅の場合も同じことで、その製法は、早くも古代エジプト王朝のころからおこなわれていた。

和紙に紅を引染する(撮影：小林庸浩)

まず紅花から紅色の色素を抽出し、それに米酢を加えて中性にする。そして、紅花は植物繊維には色素がすぐに染まりつくが、一方で放出することも速いという特徴を利用して、麻布または木綿布などの植物繊維にいったん染み込ませる。紅花の色素は、アルカリ性の液に溶出するので、それを染み込ませた麻布に藁灰から取った灰汁を加えて色素を揉みだして、かなり濃い紅花の液をつくるのである。そこへ烏梅《うばい》の水溶液(天然のクエン酸)を加えると、紅花の色素は沈殿する。それを集めた泥状のものが艶紅《ひかりべに》である。泥状の絵具となった紅花は、現在、私の工房では磁器の皿に塗って保存している。これは江戸時代以降、伊万里焼の磁器が普及してからのことで、それ以前は、象牙のような表面が平滑なものに塗って保存していたのであろう。

奈良時代には真綿（絹の綿）か、麻を綿のようにしたものに染み込ませて保存していたようで、「烟子《えんじ》」あるいは「烟紫」という表記が、「正倉院文書」「大安寺資財帳」「法隆寺資財帳」に見られる。この時代の烟子あるいは燕支という名称は、さきに記した紀元前一二七年に前漢の武帝が匈奴の地祁連《きれん》・燕支《えんし》山を攻めて、そこにあった紅花産地を奪い取ったときの経緯に由来している。

平安時代に編纂された『本草和名』には、「紅藍花、作二燕支一者、和名久礼乃阿為《くれのあい》」とあり、『倭名類聚鈔』には「焉支、烟支、燕支、臙脂皆通用」とあって、四七頁以下に記したラック貝殻虫（臙脂虫）による赤と混同されがちであるが、後述するように、虫の赤を臙脂と表現するようになったのは、中国の明時代、日本では桃山時代になってからのようである。

ともあれ、紅花の泥状のものを数回和紙に塗り重ねると深い紅色になって、光線の向きによって金色に輝くようなときもある。

私の工房では、毎年冬になると、東大寺修二会《しゅにえ》（お水取り）のさい十一面観音にささげる椿の造り花のために、この艶紅をつくって和紙に染めて奉納している。

「須宜染紙」について

「正倉院文書」に記された色染和紙の名称のなかに、「須宜染紙《すきぞめ》」というものがある。この

「須宜」については古代染色の研究家、前田千寸《ゆきちか》氏と上村六郎氏では、見解が分かれている。これについて、飛鳥・天平の章の最後に私の考えを述べておきたい。前田氏はほかの染色法の名称のつけ方からして、染色に使われた原材料をあらわすと見て、須宜染を杉で染めたものとしている。一方上村氏は、漉染《すきぞめ》、すなわち紙を漉く前にあらかじめ繊維を染めておく技法と見ている。私は「須宜染紙」という表記に関しては前田氏の説に近いが、この時代に漉染があったとする点では上村氏の説に従う。

紙は文字を記す、そして絵を描く、ということが第一の用途であるから、全体に色つけをするときも、刷毛に染料や顔料をつけて染める「引染」をすることが基本である。ただ、刷毛で引く場合、多少ムラになることがあることと、大量に必要な場合ははじめから終わりまで同じ色をだすことがむつかしい面もある。

糸や布を染めるのにもっとも適しているのは、染料の液を大量につくっておいて、そこに浸す浸染《つけぞめ》である。もっとも基本的であり、美しく仕上がる。色素が繊維のなかまで十分に染み込むからである。ところが、紙の場合は、糸や布のように染液のなかで繰る、あるいはゆする、ということが不可能である。したがって、長時間液のなかに吊しておくということになる。さらに紙の場合、染めてから干しているあいだにきわめて皺になりやすいという欠点もある。したがって、和紙の染色にもっとも適しているのが漉染なのである。

和紙は楮《こうぞ》、雁皮《がんぴ》などの皮、すなわち植物繊維を素材としている。刈り取ったあと長時間蒸しあげて芯から外皮をはがす。それを木灰を入れた灰汁のなかで煮沸する。そのあと外側の黒い部分を刃物で削ぎ落とし、のこった内皮を砕いて紙料とする。この砕いた紙の素材をさきに染めておいて漉きあげるのが「漉染」なのである。この場合、繊維の深部まで染料がよく浸透し、紙を漉くときも、何度も何度も槽をよく攪拌してから漉きあげるので、一枚目も百枚目も二百枚目でも、ほぼ同一の色、同一の紙質に仕上がる。

写経をして、何百何千もの経巻をつくるには、何万枚という紙が必要であり、それを藍や黄蘗などの色をつけて装飾経にするためには、漉染はもっとも適した方法といえる。この技法は、和紙の漉き方を知らない人には想像しにくいかもしれないが、再生紙のことを考えていただくとわかるのではないだろうか。たとえば、墨などで文字を書いた和紙が数百枚ある。あるいは、明治時代以前の古版本で虫に食われたものが大量にあったりすると、それらを紙漉き場にもっていけば、もう一度砕いて漉きあげてくれる。すると文字の墨色が自然に紙のなかにまじって淡い墨色の和紙ができあがる。漉染はこれの応用編なのである。

第三章　王朝の色彩——和様美の確立

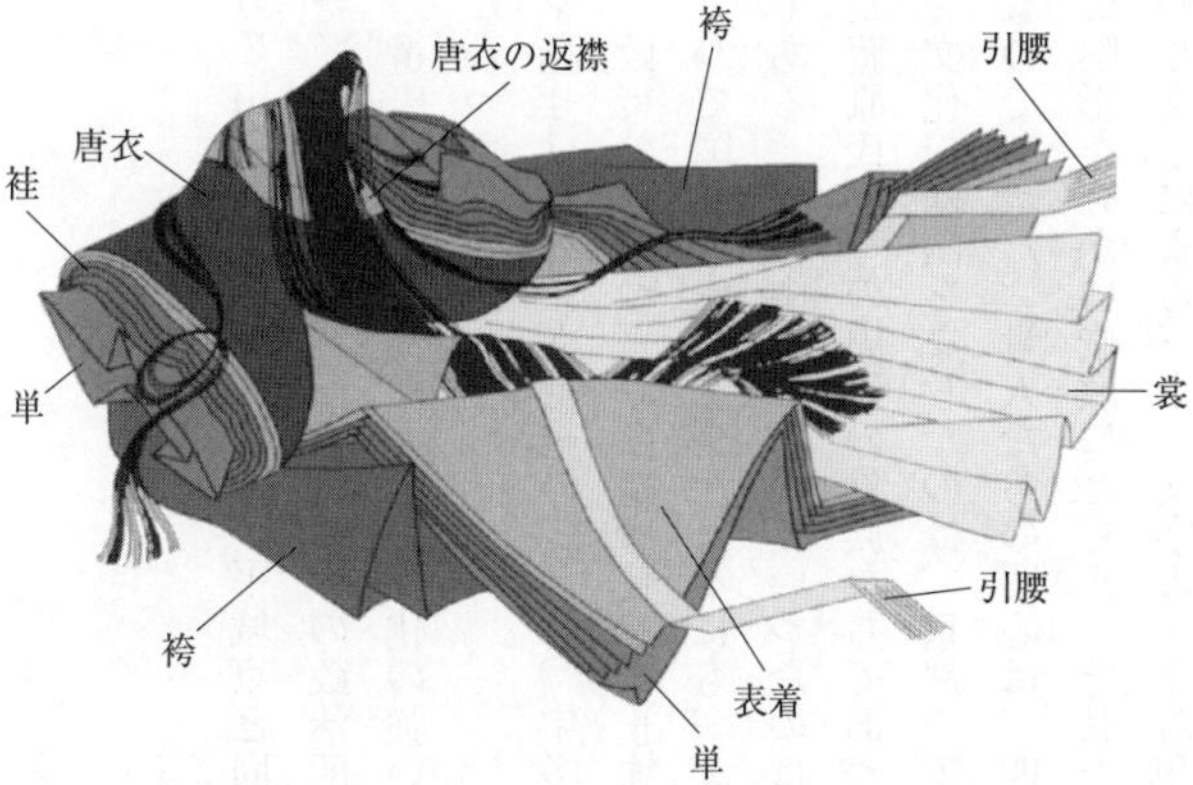

王朝の女性装束(女房の正装).『日本の色辞典』(紫紅社, 2000 年)より

和――日本的なるもの

都が平安京に遷《うつ》されたのが延暦十三年（七九四）。三方を山で囲まれた盆地に、平城京と同じく、唐の都長安をまねた条坊制による都市が造営された。桓武天皇は、旧奈良仏教の政治的な干渉を排除して、新しい政治の形をめざしてはいたが、遣唐使を送るなど、唐の文化の強い影響を受けていたという点では奈良時代とそう変わりはなかった。

新しい都も百年ほどの歳月を経てようやく落ち着きを見せはじめた九世紀の終わり、宇多天皇の信任を得て政務にあたるようになった菅原道真は、政策のひとつとして遣唐使を中止するように建議した。中国の文化を受容し模倣することによって国を形成してきた日本にも、ようやく列島の自然風土にあった文化が芽生えはじめたのである。その中心となっていったのは、天皇と強い外戚関係を結んで、政治を掌握しつつあった藤原氏とその周辺の貴族たちであった。

中国の唐様にたいして、和様と称される王朝の雅びな文化の基調をなしたのは、京都の美しい景観であり、日本列島のこまやかに移ろう自然そのものであった。貴人たちの関心は、四季それぞれにゆるやかに移りゆく草木花の彩りや陽と月の陰影をいかに俊敏にとらえ、それをいかに表現するかということにあった。漢詩に代わってかな文字による三十一文字よりなる和歌が詠まれ、より繊細な情感の表現を生み出した。

勅撰和歌集として『古今和歌集』が紀貫之らによって編纂され、宮中ではしばしば歌合せがおこなわれるようになった。『土佐日記』『竹取物語』『伊勢物語』が書かれ、そして清少納言は『枕草子』を、紫式部は『源氏物語』を著したのである。

貴族社会では、天皇や高位の貴族のもとに嫁がせるために、娘たちを教養高く育てるとともに、美しく粧う心をもてるように力がそそがれた。皇后、中宮をはじめ、彼女らに仕えて後宮に集う女性たちは、教育を受けた才媛才女であった。歌や物語を読みつぎ、それにすぐれていることが条件でもあったのである。平安時代の王朝の文化は、まさしく後宮の女性たちが中心となって形成されていったといってもいいだろう。

日々ゆるやかに移ろう季の彩りを感じ、それを読みとる視線は、文学における表現にとどまらず、寝殿造りという貴族の邸宅、そこに配される御簾《みす》、帳《とばり》、几帳《きちょう》などの調度、そして女人たちを飾る衣裳、さらには手紙や詩歌をしたためる料紙など、身辺のさまざまなものにおよんでいったのである。

中国的な唐様から、「和」の世界へ文化が構築されていくにつれて、色彩の世界、とくに衣裳と調度においても変化が見られるようになっていく。ただ、日本の独自性が強まっていく平安朝の和の美を探究するのに、ひとつの大きな障害がある。というのは、飛鳥から天平にかけての文化的遺産は、法隆寺、東大寺正倉院などの建造物が、幸いにも長い年月を経てのこされており、そこに伝来した宝物に往時のすがたを見ることができるわけである。だが、京の都はいくたびかの戦乱と火災、とりわけ十五世紀に起こった応仁・文明の十一年にもおよぶ長い争乱によって焼きつくされてしまったため、今日直接眼にできる平安期の京都のすがたかたちは、わずかしかのこっていないからである。

そうしたなかで、十世紀に撰進された、律令の施行規則である『延喜式』が現在まで伝えられているのは幸いなことである。そのなかには染織に関しての記述、とりわけ、色名とその植物染の材料、さらには和紙の染色のことなどが見られて、かなり具体的に考えをめぐらすことができるからである。さらに十二世紀ごろから発展した大和絵の世界、たとえば、「伴大納言絵巻」「源氏物語絵巻」などに、当時の人びとの衣裳や、建築様式、室内調度も見ることができる。

ここでは今日までのこされた文献資料、それに絵画資料などをとおして、平安期の日本の色彩世界を垣間見ることにしたい。

『延喜式』に見る染織の技法

平安遷都から百年がすぎて、朝廷では天皇を中心とする律令国家のより高度な完成をめざして、法の整備とその施行を細目にわたって記録し、流布することに力が注がれた。醍醐天皇の命により、延喜五年(九〇五)から『延喜式』の編纂がはじめられ、それから六十余年たって施行された。その全五十巻の内容は、のちの代まで、宮中の儀式、行事、制度の典拠として重要視されたのである。

そのなかで染織に関しては巻十四「縫殿寮《ぬいどのりょう》」が重要で、当時の衣服裁縫を司る役所についての記録があり、なかでも「雑染用度」の項には、三十数種類の色名と、それを染めだすための植物染料と用布、灰や酢などの助剤が列記されている。これが今日まで伝えられているということは、「正倉院文書」とともに、古代日本の染織技術を推し量るのに大きな助けとなる。

その『延喜式』から、まずもっとも高貴な色とされた深紫《こきむらさき》の染色法を見ると、「深紫綾一疋。綿紬。糸紬。東絁亦同。紫草卅斤。酢二升。灰二石。薪三百六十斤。……」とある。綾一疋とは、白い無地で、綾地に織り上げた絹布を一疋の意。これは『延喜式』巻三十「織部司《おりべのつかさ》」を見ると、「長四丈、広二尺」とあるから、長さがおよそ一六メートル、幅が六〇センチほどの布ということになる。それを深紫に染めるのに、これは紬《つむぎ》や絁《あしぎぬ》なども同じ、という注記があって、紫草の根が三十斤、現在の約一八キロ(四貫八百匁)が必要とある。酢二升、これは米からつくったもので、灰二石とは、とくに明記していないが、椿灰あるいは柃《ひさかき》の灰と考えてよい。薪は染液の温度を上げるためと考えられる。

深紫を染める

これを私の工房でおこなうとすれば、工房の規模から、実際はつぎのようになる。

まず第一日目。綾の絹布を用意する。紫草の根（紫根《しこん》）一・五キログラムをしばらく湯に浸してふやかしておく。三十分たったらそれを石臼に入れて杵で搗《つ》き砕く。砕いた根を麻袋に入れて、湯のなかで揉み、色素を出す。これを二回繰り返して、根から紫の色素が出たら、水嚢《すいのう》（篩《ふるい》）で漉して染液とする。ここに綾の布を入れて繰るわけだが、そのときの液の温度は四十〜五十度に保つ。染液のなかでおよそ三十分繰ったら、別の水槽でよく水洗いする。

つぎに媒染《ばいせん》にうつる。椿は、生の樹の枝と葉を刈りとって、二、三日置く。それを燃やして、白い灰の状態で保存しておく。染色をする数日前に、熱湯を注いでからよくかきまぜ、灰の成分を十分に溶出させる。この上澄み液（灰汁《あく》）にはアルミ分が含まれていて、紫を発色させる、つまり媒染剤の役割をするのである。その椿灰の灰汁を水に溶かして媒染の浴槽をつくり、紫根染を終えてよく水洗いした絹布を入れて、ゆっくりと繰る。三十分あまりのち、別の水槽でよく水洗いする。

このような紫根染、水洗、媒染、水洗の工程を何日も繰り返すわけで、「深紫」にするには、私の工房では、少なくとも五〜七日間を費やす。もちろん、毎日、新しい紫根を使って、朝から石臼で搗く、揉む、という工程を繰り返すのである。『延喜式』の記述からすれば、三十斤を六日で使う。ということは、一日の使用量はおよそ五斤、約三キログラムである。それを順次使っていくことになる。

このように『延喜式』には三十数種の染料が記され、そのほかの材料も付されているが、染めの手順やコツのようなものはよくわからないものが多い。しかしながら、私の工房で、それらの植物染料を使って毎日染めていると、その経験から行間が読めてくるのである。『延喜式』に挙げられている植物染料が、当時用いられていた植物染料のすべてかというと、そうはいえないように思える。もっと多くの植物を用いていたであろうが、重要かつ代表的なものが網羅されているのは間違いなく、宮廷における儀式、行事などの衣裳を調達するときの基準となっていたのである。

色名の変化

『延喜式』に記された染色材料などの記述を解読し、かつ、法隆寺、正倉院に今日までのこされた染織品の数々を見ていくと、日本の染織技術は奈良時代の盛世期に染色法がほぼ完成し、それから約一世紀半を経たあとも、そのまま維持されていることが理解できる。それはまた、中国はもとより、世界の文明の発達した地と比較しても、遜色のないものである。王朝の貴族たちはそうした技術を背景に、美しい彩りの衣裳を身にまとって、日々の生活を送っていたことになる。

色の名前のつけ方にも、大きなうねりがやってきた。奈良時代から平安時代初期の、たとえば「正倉院文書」や『延喜式』のような文献から、色名を見てみると、冠位の紫、青、赤、黄、白、黒といった直接的な表現や紅、刈安、胡桃、橡《つるばみ》、蘇芳《すおう》といった染色の材料であらわしたものが多く、桃花褐《つきそめ》などがようやく植物の花の色をあらわしている程度である。

ところが、『古今和歌集』などを見ると、春には「さくら色に衣はふかくそめてきん花のちりなん後のかたみに」(紀有朋)と桜の花を、秋には「竜田河紅葉乱れてながるめりわたらば錦中やたえなむ」(よみ人しらず)と、紅葉が散る竜田川の情景を錦ととらえるように、四季それぞれに咲き競う植物の花の彩りや野山の草樹の移り変わりになぞらえる色名が多く登場してくる。かな文字が発明され、三十一文字の和歌が詠まれ、物語や随筆がつぎつぎと著されたことの背景となったのが、自然界の日々刻々と移ろいゆく草樹花の色彩であり、それらをどのように歌に文に表現し、さらには衣裳、手紙そして几帳などの調度品のなかに取り入れていくかということに人びとの心が注がれたからであろう。

四季の彩りの表現——襲の色目

『延喜式』に見られる染織技法を背景に平安時代の色彩を見る場合、それらがもっとも顕著にあらわれているのは、女性の襲《かさね》の衣裳である。それまでは、正倉院にのこされた衣裳や絵画などから見ると、やや曲線裁ちの入った衣服であったようだが、平安京に都が遷されてからおよそ百年ほどのあいだに、現在のきものの原形である直線裁ちのかたちが整えられていった。とりわけ、貴族の女性たちは美しく着飾ることに心を砕き、俗に十二単《ひとえ》といわれる女房装束のように、何枚もの衣裳を重ね着して晴れやかなものとした。

数領着重ねた衣裳の、襟元や袖口、裾などにあらわれる流れるような色の調和、一領の衣の衽《ふき》(裾・袖口などの裏地が少し見える部分)にわずかにのぞく表と裏の色の対比、上に薄く透き通るような経糸をからみあわせる捩織《もじりおり》の羅《ら》・紗《しゃ》・絽《ろ》の織物、練《ね》って(灰汁などで煮て柔らかくすること)いない生《き》の絹である生絹《すずし》の平絹などの薄絹を重ね、光の透過であらわれる微妙な色調を、季節ごとに咲き競う花の彩りや木の葉の色合いなどになぞらえて楽しんだのである。このような配色の妙が、いわゆる襲の色目《いろめ》といわれるものである。装束はいうまでもなく、染め紙を用いる懐紙や料紙、室内の間仕切りとなる几帳、御簾などの調度品にも用いられたのである。

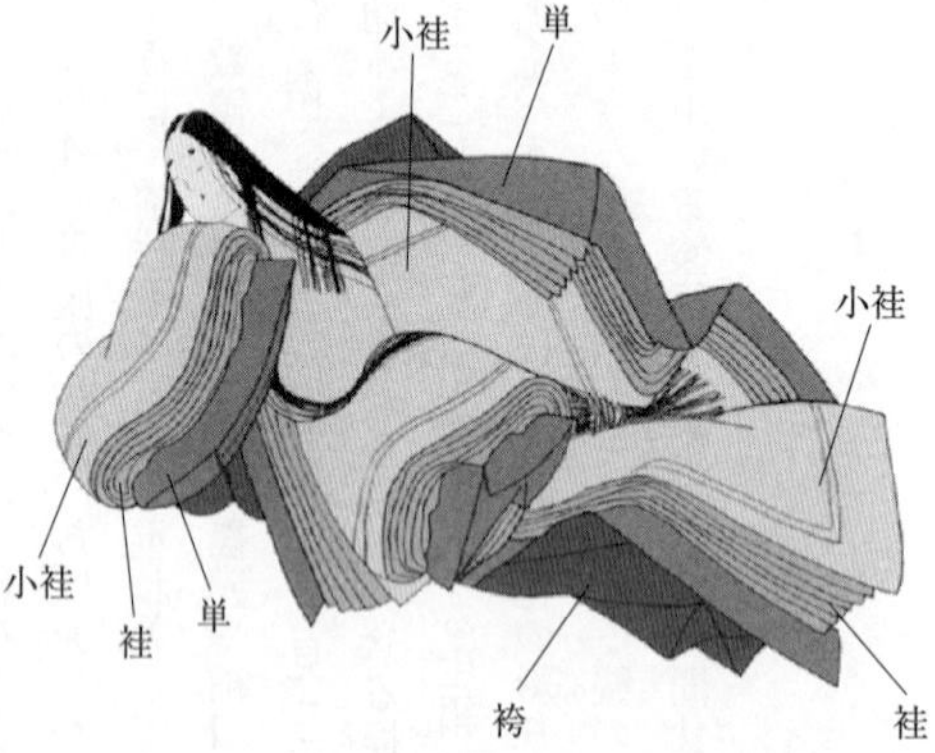

小袿姿(平常着).『日本の色辞典』(紫紅社, 2000 年)より

王朝の女性装束

平安時代の女房装束のもっとも正装とされる場合、いちばん上には唐衣《からぎぬ》と裳《も》をつけ、その下に表着《うわぎ》、打《うち》衣《ぎぬ》、そして袿《うちき》(五衣《いつつぎぬ》)を重ねる。いちばん下が裏をつけない単《ひとえ》と袴《はかま》となる(本章扉参照)。

平常は宮中でも私邸でも、下には袴に単をつけ、袿を重ねるのが基本となっていた。袴は紅色が本来とされて紅袴《くれないのはかま》、緋袴《ひのはかま》ともいわれるが、若年は濃《こき》色《いろ》、転宅のときは白、忌み事のおりは萱草色《かんぞう》(橙《だいだい》色に似る)などを用いることもある。袿は内衣《うちぎ》の意をもつもので、数枚重ねて襟や袖口、裾の配色の妙を競った。しだいに五領重ねるのが定着して五衣《いつつぎぬ》といわれるようになる。時代が下ると、襟や袖口、裾など見えるところだけを五枚重ねる仕立て方にかわる。ややあらたまった場合には、その上に小袿《こうちき》という、裄《ゆき》も丈《たけ》も袿より短い袷仕立ての衣を着用する。ときには、この上に唐衣や細長を着る場合もあったようである。

上から下までの衣裳の色の組み合わせをいうときは、上に着る衣裳を少しずつ小さく仕立てることによって、袖口、襟元、裾や褄がわずかずつずれて、それぞれの色が緩やかに重なるようにしたわけである。

女性の唐衣や小袿、男性の袍《ほう》や下襲《したがさね》など袷仕立てのものは、それぞれの表と裏で襲の色目を表現し、それらの下に何枚か重ねる袿などは、袿全体を暈繝《うんげん》のように濃淡としたり、さらに細かく見れば、袿一枚一枚の表裏をそれぞれ異なった色で仕立て、それぞれが襲の色目で表現されるものもあった。

襲の色目の色調

襲の色目の色調の構成法(色の重ね方)は、つぎのようにまとめられる。

匂い　本来、色が映え、美しく好ましくすぐれていることを意味し、華やかさ、香り、光までを含んで気高いことを表現している。襲における「匂い」にはふたとおりあり、濃い色と淡い色を対比させて見せる場合と、同色の濃淡を重ねて暈繝のようにあらわす場合がある。

薄様《うすよう》　匂いに近い言葉で、上から順に薄い色から濃い色へと重ねていくことをいう。また、透けるような白を上に重ねて、下の濃い色を淡く見せることにも用いる。これは、薄様の本来の意味が、雁皮紙《がんぴし》のように薄く漉いた和紙をいうところにある。あるいは、絽、紗、羅のような薄い織物を薄物と呼ぶからとも考えられる。

裾濃《すそご》　同系色を重ね、上は薄く、下に近づくほど濃くするもの。これは甲冑を綴りあわせる威《おどし》の彩りにもおこなわれた。

村濃《むらご》　斑濃、叢濃とも書き、同色にところどころ濃い色や薄い色を混ぜるもの。

おめり　「於女里」と書き、袘《ふき》の古称である。衣を給仕立てにしたときに、袖口や裾の裏地を表に折り返して縁のように見せるもの。

このような襲の色目は、同じ名称であっても、用いる個人によって微妙に色調が異なるのはいうまでもない。四季二十四節七十二候というように、一年を四、五日の周期にわけ、雪月花の景色に目を凝らす。そこで育まれた一人ひとりの感性が衣裳や調度に反映されているのである。歌を詠み、物語を綴るのと同じような、季の移ろいを感じて表現できる教養が貴人たちには備わっていなければならなかったのである。

日常はもとより、宮中で繰り広げられる節会や儀式などの晴れの場、他家に招かれての宴のおりに、王朝人たちは磨き上げた感性を迸《ほとばし》らせながら、華麗な色の競演をしていたのである。

多彩な衣裳を着る

このような王朝人の色彩感を論じる場合に、色名と襲の色目とをそれぞれ、季節と結び付けて固定的に見ていく傾向が強いが、私は、冠位をあらわす場合は別にして、当時の人びとはもっとおおらかに、野山や庭に咲く花々を参考にし自由に着用していたのではないかと考えている（以下、カラー口絵参照）。

　襲の色の、たとえば桜襲《さくらがさね》を古い文献より例にとれば、『胡曹抄《こそうしょう》』には「表白　裏赤花《あかはな》」とあり、室町時代、一条兼良が著した『女官飾鈔《にょかんかざりしょう》』には「小袿は蘇芳　表衣は紅梅（表紅　裏蘇芳）五衣は桜襲」とある。これらはいずれも平安時代の終わりごろから中世、近世にかけて、王朝のよすがをしのぶ公家たちが、研究をして有職故実《ゆうそくこじつ》として規定していたものである。それらを厳格な服装の規定と見なして古典文学の解釈、解説がなされてきた。しかし、たとえば桜の美しい季節に、「花の宴」がおこなわれる。すると、ほぼ同じ程度の身分の女性たちは、制服のようにまったく同じような桜襲を着て参宴したのかというとそうではなく、それぞれが自らの感性において、麗しく桜を表現するように、工夫をこらした色と織の衣裳をまとっていたと考えたほうがいいだろう。あるいは少し先取りをして山吹（表淡朽葉《うすくちば》　裏黄）の襲を着るとか、柳（表白　裏萌黄）の襲で登場してひときわ青緑がひきたつというようなこともあったろうと考えたほうが、より王朝人のおおらかな心が読める気がするのである。ともあれ、王朝の人びとは花草樹の美しさを見て、季

桜

の彩りを歌いあげて、色の名前をそれになぞらえて表現することを生み出したといえるであろう。

『源氏物語』の色をよむ

紫式部の『源氏物語』は、「紫」という色を物語の主旋律として描かれている。

まず、作者は紫式部。主人公光源氏の母は桐壺の更衣、父は桐壺帝と呼ばれている。桐は陽春に淡い紫色にところどころ斑点がある花を咲かせる。桐壺の更衣亡きあと、天皇の寵愛を受けるのは藤壺の宮。藤はいうまでもなく紫の花をつける。御所の内裏の後宮にはいくつもの殿舎があり、それぞれの庭(壺)に植えられた植物によって、殿舎もそこに住まう主人も呼び習わされることもある。ちなみに、桐壺は淑景舎《しげいしゃ》の、藤壺は飛香舎《ひぎょうしゃ》の庭である。

さらに、光源氏が愛する藤壺の宮の姪にあたり、「若紫」の帖で出会ってのちに最愛の人となるのが、紫の上である。物語をとおして、「紫」という色がつねに意識されているわけで、紫式部という人の文才は、色彩表現と和様美の基本である四季の移ろいに対してひときわ鋭い洞察力としてうかがえるのである。

山吹を着る童女

その「若紫」の帖を見てみよう。この帖は、光源氏が「わらは病《やみ》」、マラリアにかかって、北山あたりの寺で治療を受ける場面からはじまる。

季節は旧暦の三月の末、洛中の桜花はもうすぎているが、山の桜はまだのこっているというころである。治療を終えてあたりの僧坊を眺めていると、小柴垣に風情のある庵が目にとまり、こざっぱりしたなりの女の子などがいる。供のなかには、そこまで下りてのぞいてみる者もいて、「をかしげなる女子ども、若き人、童《わらは》べなむ見ゆる」と報告する。光源氏は夕暮れどき、小柴垣の庵へ近づいてみる。

清げなる大人二人ばかり、さては、童《わらは》べぞ、いでいり遊ぶ。中に、「十ばかりにやあらむ」と見えて、白き衣、山吹などの、なれたる着て、走りきたる女ご、(あまた)見えつる子どもに、似るべうもあらず、いみじく、おひさき見えて、美しげなるかたちなり。

光源氏が小柴垣から見ていると、女の子たちが庭に出たり入ったりして遊んでおり、そのなかの十歳くらいの女の子が、隠れている光源氏のほうへ走ってきた。普段着のようではあるが、どこか気品があって、成人すればきっと美しい人になるだろうと思われる。その子は、雀を伏《ふせ》籠《ご》に入れておいたのに、犬君《いぬき》という童女のせいで逃がしてしまったと泣いている。その衣裳は、「白き衣、山吹などの、なれたる」とあり、白い袙《あこめ》(裾の短い袿)に山吹襲の汗衫《かざみ》(主に童女の着る上着)を着ているのである。この帖の冒頭に、都では桜が散ったと見えるので、季節はちょうど山吹の花が咲くころである。

『古今和歌集』に「山吹の花色衣ぬしやたれ　とへどこたへず　くちなしにして」(素性法師)と詠まれているが、この歌は山吹の花をふわりと脱ぎかけられた衣に見立て、美しい黄色の衣よ、お前の持ち主はいったい誰なのだと問うても返事がない。無理もない、支子《くちなし》の実で染めた黄色であるから、と返事のないこと(口無し)と支子をかけている。

この歌にあるように、支子の実を煎じて染め、わずかに蘇芳を重ねると赤味が加わり、山吹色にふさわしい色合となる。襲の場合には、これに刈安あるいは槐《えんじゅ》などでかなり濃い黄色を重ねるのがふさわしいと思う。「若紫」に登場する女の子は、普段着ではあるものの、「時にあひたる」、すなわち季節にあった衣裳を身につけている。のちに藤壺の宮の兄の子どもであることがわかるように教養のある良家の子であることをほのめかせている。光源氏は、この子を二条院に引き取り、成人するのをまちかねて祝言をあげるのである。

「花宴《はなのえん》」の帖では、光源氏の装いを見てみよう。
二月二十日をすぎたころ、桐壺帝は南殿つまり紫宸殿にある左近の桜の前で宴をもよおされた。その夜、光源氏はいとしい藤壺に会いたいとさまようちに、朧月夜の君と出会い、契りを結ぶ。それからひと月あまりたって、右大臣家の藤の宴に招かれた。まだ名残の桜があるときである。その日の光源氏の装いは、つぎのように書かれている。

桜の、唐《から》の綺《き》の御直衣《なほし》、葡萄染《えびぞめ》の下襲《したがさね》、しりいと長く引きて、皆人はうへの衣なるに、あざれたる大君姿《おほぎみすがた》の、なまめきたるにて、いつかれ入り給ふ御さま、げに、いと、殊なり。花の匂も、けおされて、なか〳〵事ざましになむ。

光源氏は桜がまだのこっていると見て、桜襲、すなわち表が白、裏が蘇芳か濃紅の直衣《のうし》という出で立ちである。唐の綺とは、蚕が吐いたままの、練りをしない糸で織った薄絹のこと、生絹である。これは「すずし」と読む、透明感のある絹地で、光が透過して、その下の蘇芳か紅花染の濃い色が淡い桜色のように見える。他の人びとは、右大臣家の宴というので袍を着けて正装に準じる姿であるのに、光源氏は、貴族の男性の普段着である直衣で優雅に装っている。下襲は葡萄染とある。この「葡萄」とはエビカズラの古名で、ヤマブドウを指し、葡萄色とはやや薄い赤味の紫をいう。秋の深まりとともにヤマブドウの実は黒ずんだ紫色に熟し、その搾り汁と同じような色であるところからの色名である。

その汁で染色をしたという説もあるが、それでは「葡萄色」には染まらない。『延喜式』では、「葡萄綾一疋。紫草三斤。酢一合。灰四升。薪卌斤」と記されている。酢とは米酢のことで、これは赤味の紫色にするために用いる。灰は椿あるいは柃《ひさかき》の生木を燃やしたもの、薪は温度をあげて染色することをあらわしている。

葡萄色は、王朝の人びとに親しまれた色のひとつで、清少納言も「めでたきもの」に思いをめぐらして「葡萄染の織物」をあげ、そして「六位の宿直《とのゐ》姿のをかしきも、むらさきのゆゑなり」と、葡萄染の指貫《さしぬき》の紫ゆえに六位の宿直姿が魅力的なのだと記している（『枕草子』八十八段）。

ところで「花の宴」の場面で、光源氏の衣裳では、私は、直衣の「桜」は山桜の花をあらわし、葡萄染の下襲は芽吹いたばかりの葉の色をあらわしているだろうと思う。なぜなら、山桜は春になると、花より葉の芽がさきに出て、出たばかりの芽の色は、赤紫を呈しているからである。

蘇芳の色について

「絵合《えあわせ》」の帖は、隠棲の地、須磨・明石から帰京した光源氏が、藤壺の宮とのあいだに生まれたわが息子、冷泉天皇の側近として権勢をほしいままに活躍するころである。昔の恋人、六条御息所《みやすどころ》の娘が斎宮として下っていた伊勢からもどり、冷泉帝に入内する。この斎宮の女御、のちの秋好《あきこのむ》中宮は絵に堪能であり、同じ道を好む帝も心を動かされる。それにたいして、かつての頭中将（いまは権中納言になっている）の娘で帝の寵愛もまさる弘徽殿の女御は気が気ではなく、対抗するように熱を入れて、絵画論が宮中に高まる。

そこで、光源氏の発案で、冷泉帝の前にさまざまな絵画を持ち寄って優劣を決めるという「絵合」がおこなわれることになった。これは史実に近く、村上天皇の御代に、天徳内裏歌合がおこなわれたのをふまえているようである。

絵合は、旧暦三月におこなわれた。斎宮の女御、光源氏は左方、弘徽殿の女御は右方にわかれる。

左は、紫檀《したむ》のはこに、蘇芳《すはう》の花足《けそく》、敷物には、紫地の唐の錦、打敷は、葡萄染の唐の綺なり。童六人、赤色に桜襲の汗衫、袙は、紅《くれなゐ》に藤襲の織物なり。姿・用意など、なべてならずみゆ。右は、沈《じむ》の箱に浅香《せむかう》の下机、打敷は青丹《あをに》の高麗《こま》の錦、足結《あしゆひ》の組、花足の心ばへなど、いまめかし。わらはは、青色に柳の汗衫、山吹襲の袙きたり。みな、御前《おまへ》にかきたつ。

上の女房、前・後《しりへ》と、さうぞきわけたり。

絵の入った箱を運んだり、それを広げる机などを整えたりする女童の衣裳は、左方は赤色の表着の上に桜襲の汗衫、表着の下には紅に藤襲(表淡紫　裏萌黄)の織物の袙、右方は青色の表着に柳襲の汗衫、山吹襲の袙、という「時にあった」出で立ちである。

また、引用した冒頭に、左方の絵は紫檀という極上の木の箱に入っており、それをのせる机は「蘇芳の花足」とある。この蘇芳の花足は、多くの『源氏物語』の注釈では蘇芳の木でつくった机とあるが、それには少し無理がある。というのは、蘇芳は机などに向くような太くて堅い木ではないからである。ここでは、正倉院宝物に見られる「黒柿《くろがき》蘇芳染銀絵如《によ》意箱《いばこ》」のような、黒柿の木を蘇芳で染めた上に金銀泥で絵を描いたものであると見るべきである。

蘇芳の原木

蘇芳はマメ科の樹木で、芯材に赤色の色素を含んでいる。熱帯や亜熱帯に分布するため、日本では古くから輸入に頼っていた。正倉院には薬物として保存され、また、蘇芳染の和紙も伝えられている。

染色のためには、まず、蘇芳の芯材を煮沸して色素を抽出する。そのなかで糸や布を繰ったあと、明礬を湯に溶かした媒染液のなかで繰って発色させる。桃山から江戸時代の小袖や能装束の染色にもよく用いられたが、「蘇芳の醒《さ》め色」といわれるように、色が退せやすく、現在までのこされている染織品は、ほとんどが茶色に変色している。ちなみに、蘇芳は鉄で媒染すると紫色になる。紫草の根で染める紫根染は、手間もかかり高価であるところから、江戸時代にはこの方法でさかんに紫色が染められ、紫根染の本紫にたいして似紫《にせむらさき》といわれた。

絵合の場面では、このほか敷物や打敷には紫の錦や高麗から輸入された錦があてられ、絵の豪華さに勝るとも劣らない調度が用いられている。まさに贅を尽くした宮中の情景が眼に浮かぶようである。

衣配りの場面

王朝人にとって、華やかな晴れの衣裳、日常の衣裳、いずれも季節に合わせることはいうまでもなく、特別な儀式のおりには集う時と場所によってもそれなりのものを用いることなどは大切な心得であったのだが、経済的にもたいへんなことであったろう。そのような衣裳はどのようにして手に入れられたのだろうか。

『源氏物語』「玉鬘《たまかずら》」の帖にその一端を知ることができる。王朝の色彩や衣裳について語るとき、欠かすことのできない、有名な「衣配《きぬくば》り」といわれる場面である。

年のくれに、御しつらひあるべきこと、人々の装束など、やんごとなき御つらに、おぼしおきてたり。かゝりとも、「ゐ中びたることもや」など、山がつの方に、おぼし侮《あなづ》りおしはかり聞え給ひて、調じたるをも、たてまつり給ふついでに、織物どもの、われも〳〵と、手をつくして持てまゐれる、細長《ほそなが》・小袿《こうちき》の、色々さま〴〵なるを御覧《らむ》ずるに、

「いと、多かりけるものどもかな。かた〴〵に、うらやみなくこそ、ものすべかりけれ、この重ねども」

と、うへに聞え給へば、御匣殿《みくしげどの》につかうまつれるも、こなたにせさせ給へるども、みな、とうでさせ給へり。かゝるすぢ、はた、いと勝れて、世になき色あひ・匂ひを、染めつけ給へれば……。

年の暮れになると、天皇はもとより、貴族のなかでも高位の人たちは、まわりの女性たちに衣裳を贈る習わしがあった。光源氏も地位にふさわしくさまざまな衣裳をこしらえている。みずからも、ずいぶんたくさんの量であると、高く積まれた衣裳を見て感想をもらしている。御匣殿というのは、朝廷の衣裳を調達する役所で、縫殿寮と同じような役割をしていたと考えら

れているが、平安時代のなかごろになると、こちらのほうが重きをなしていたようである。そこから取り寄せたものと、紫の上のもとでつくらせたものがある。紫の上は、「かゝるすぢ、はた、いと勝れて」とあるように、裁縫や染色にもすぐれていたようで、邸内に染織工房を構えて、みずからも手を下し、指導もしていたことがうかがえる。

こゝかしこの擣殿《うちどの》より参れるものども、御覧じくらべて、濃き・赤きなど、つぎ〳〵をえらせ給ひて……。

擣物《うちもの》とは、砧《きぬた》、つまり木槌で打って艶を出した絹のこと。「濃き」とあるのはそのあとに「紫」が省略されていて、濃紫という高貴な色や鮮やかな赤など、ぜいたくな衣裳が集められている。いうまでもなく、それらを納める筥《はこ》や櫃《ひつ》も用意させている。

人柄を映す衣裳

光源氏と紫の上は二人で衣裳を見ながらつぎのようなやりとりをする。

紫の上はいう。どれをとっても美しいものばかりですが、着る人の姿かたちをよく考えてお似合いのものを選んであげてください。それに対して光源氏は、衣裳の色からそれとなく方々の人柄や容貌を想像しようとしているのでしょう、あなたはどれがいいと思っているのですか、と、問うている。自分で鏡を見ただけでは決められない、あなたに選んでもらいたいと、紫の上ははにかんでいる。

紅梅の、いと、いたく文浮きたるに、葡萄染《えびぞめ》の御小袿《こうちき》、今様色《いまやういろ》のすぐれたるは、この御料、さくらの細長に、つやゝかなる掻練《かいねり》とり添へて、ひめ君の御料なめり。あさ縹《はなだ》の海賦《かいふ》の文、おりざまなまめきたれど、匂ひやかならぬに、いと濃き掻練具しては、夏の御かた、くもりなく赤き、山吹の花の細長は、かの、にしの対《たい》にたてまつれ給ふを、うへは、見ぬやうにて、おぼしあはす。……かの末摘花《すゑつむはな》の御料に、柳の織物に、よしある唐草を乱り織りたるも、いと、なまめきたれば、人知れず、ほゝゑまれ給ふ。梅の折枝《をりえだ》、蝶、鳥、飛びちがひ、唐めきたる白き浮文《うきもん》に、濃きが、つややかなる具《ぐ》して、明石の御かたに。おもひやりけだかきを、うへは、目ざましう見給ふ。

光源氏が紫の上のために選んだのは、見事な浮紋の葡萄染の小袿と、今様色の袿であった。葡萄染とは、さきに記したように、紫草の根をたっぷりと使った、高貴で高位な色である。今様色とは、いまはやりの流行色、という意味である。平安期における今様色は、紅花で繰り返し染めていく輝くような赤色である。やはり最愛の女性であるから、もっとも高価で気品高いものを贈っている。

光源氏のただひとりの娘で、いまは紫の上が育てている明石の姫君には、「さくらの細長」とあるので、表に生絹《すずし》の透明な白、裏は蘇芳か濃い紅花の桜襲に仕立てていると思われる。桜襲であれば、蚕が糸をはいたままの練りをしないで織った絹は透明感があり、その下に蘇芳とか紅花で染められた強烈な赤を着ると、淡い赤に見えて、あたかも桜の花が咲いているかのような、淡い紅色に見せるのである。

夏の御殿に住んでいる花散里には、「あさ縹の海賦の文」とある。縹という色は、『延喜式』に、「浅縹綾一疋。藍一囲。薪卅斤」とあり、同じ青系の浅藍は、「浅藍色綾一疋。藍半囲。黄蘗八両」となる。縹は蓼藍だけで染められていて、現代的な言葉であらわすと「ブルー」であるが、同じような青系統でも、「藍色」としたものは、蓼藍で染めてから黄蘗の黄を少し足しているので、わずかに緑がかったものであったと考えられる。織物にほどこされている海賦文様というのは、波に海松《みる》や貝、岩や松原など海辺の風景を写したもの。それに濃い掻練《かいねり》の袿を添えたとある。掻練とは、皆練とも書いて、本来は灰汁で糸を練って柔らかくしたものを、さらに砧で打って艶やかにした絹布の意味である。だがこの時代では、紅花で赤く染めた色を指している。

西の対に住む玉鬘には、「くもりなく赤き」とあるので、日本茜で染めたものか、もしくは紅花の濃いものか、いずれにしても鮮やかな袿に、山吹襲の細長である。山吹の襲は、支子で赤味のある黄色に染めた布二枚を表裏としたものである。

何事に対してもあまりよい感性をもちあわせているとはいえない末摘花には、柳の織物とあって、表は白で、前述の透明感のある生絹に緑色の裏を付ける。すると表から見ると、柳の裏葉のように白い粉を吹いたような色になり、柳の枝がゆれて、葉の表裏が眼に入ってくるような雰囲気となる。

北の対に住まう明石の御方には、白い小袿と、「濃き」とあるので、紫の濃い色で艶やかなものを重ねて贈る。いかにも高貴で気品が感じられる。

鈍色とは

空蟬《うつせみ》の尼君に、青鈍《あをにび》の織物の、いと心ばせあるを見つけ給ひて、御れうにあるくちなしの御衣《ぞ》、ゆるし色なるそへて。おなじ日、みな着給ふべく、御消息《せうそこ》きこえめぐらし給ふ。げに「似げついたる見ん」の御心なりけり。

もうかなりの齢を重ね、尼になった空蟬には、青鈍《あおにび》の織物とある。鈍《にび》色とは、橡《つるばみ》、矢車《やしゃ》などの樹の実を煎じた汁で染めたあと、色を布や糸に定着させるために、前にも記したように、鉄分のある液に浸けて墨色にした色を指している。平安時代にはこのような喪に服するときに着る色を「にび」とあらわしていたようで、「葵《あおい》」の帖では、光源氏の正妻葵の上が亡くなった場面で、「にばめる御衣たてまつれるも、夢の心地して、「われさきだゝましかば、ふかくぞ、染め給はまし」と、思すさへ」とある。喪に服している光源氏が鈍色の服を着ながら、もし自分がさきに逝ってしまったのなら、葵の上はもっと濃い鈍色を着ただろうと、悲しみにくれる場面である。妻が亡くなった場合は三カ月、夫が亡くなった妻は一年間、濃い喪服を着ることになっていたようである。このような「鈍色」は、近親者ほど濃くて墨色に近いものを、遠縁のものほど淡いものを着た。

「青鈍」とは、鈍色をかける前にあらかじめ藍で染めておいて、その下色を感じさせるものだったようで、剃髪して尼になっている空蟬を思いやって贈物をしている光源氏の心遣いが感じられる。それには、みずからの料のなかから選んだ支子色（おそらく支子の実で染めた赤味のある黄色）の袿、さらに聴色《ゆるし》、すなわち禁色である濃い紫とか紅花染ではない、一斤染《いっこんぞめ》のような淡い紅を添えている。それぞれの女性に対しての、皆が同じ日つまり元旦に着るようにという手紙も添えられていた。

元旦の装い

つぎの「初音《はつね》」の帖では、その元旦の夕暮れ、六条院の女君を光源氏が年賀におとずれる場面が描かれている。

夏の御殿に住まう花散里とは、いまでは、何のわだかまりもなく、しみじみとした間柄であり、隔ての几帳は置いてあるものの、源氏はそれをわずかに押しのけて覗いてみる。「縹は、げに、にほひ多からぬあはひにて」、そう華やかな色合いではないけれど、その年齢容姿にはふさわしいと感じて、去年の出来事などを話して、玉鬘のいる西の対へと渡ってゆく。

玉鬘は会うとさすがに美しく、それを山吹の衣裳がいちだんと華やかに見せて、隈なく輝いているようで、いつまでも見ていたいという心地になっている。そのあと文章中には、父親の代わりをしているつもりだが、このままではおさまらないのでは、という作者の言葉が入っている。

日が暮れかかるころ、北の御殿に住む明石の上のところへ行かれた。そこには明石の上の姿はなく、硯のあたりにさまざまな草子が散らかしてある。中国渡来の錦の織物を縁にめぐらした敷物のうえには、明石の上がお得意な琴が置かれ、香がたきしめられていた。やがて、姿をあらわした明石の上は、贈られた白い小袿に黒髪が鮮やかに流れて、ひとしおなまめかしい。紫の上のことを気遣いながらも、その夜はここへ泊まられた。

幾日かのち、二条院に住んでいる末摘花を訪ねる。昔は美しいと思った黒髪も霜を置き、顔のほうは気の毒でまともには見られない。光沢のない黒ずんだ掻練のうえに、「さる織物の袿《うちき》を着たまへる、いと寒げに心ぐるし」とある。お届けした柳の織物は似合わなかったようで、寒々しくて痛々しい。光源氏は、あとで二条院の蔵を開けさせて、絹や綾などを末摘花に贈られた。

空蟬のところにも立ち寄っている。仏殿にも風情があり、何事も優美にしつらえられていて、空蟬らしい趣味のよさに感心する。青鈍の几帳の陰に姿を隠していて、袖口から支子色と淡い紅の色がこぼれているのがなつかしい。互いに昔の思いをこめながらことばを交わすだけの、静かな対面である。

今様と紅梅

平安時代には、詩歌や物語が数多く書かれ、季節それぞれの野山の美しい彩りが、うるわしい言葉であらわされたが、それにともなって色の名にもさまざまな表現がなされるようになってきた。ここで、王朝の文学にあらわされた色名のいくつかについて考察をすすめてみたい。

まず、『源氏物語』の「衣配り」でふれた今様《いまよう》という色名がある。今様というのは文字どおりいまはやりのものという意味で、それに色がつくと、流行の色ということになる。平安時代の物語や随筆に登場し、室町時代に書かれた有職故実の書『胡曹抄』には、「今様色トハ紅梅ノ濃ヲ云也」とある。別の書には、「紅のうすき、ゆるし色をいへり」とあって、諸説紛々のようである。私はどちらにも同意できない。今様色が聴色《ゆるし》、つまり薄い色とは考えられないのは、いまの衣配りの場面である。

紫の上とともに、衣裳を並べて選んでいる光源氏は、紫の上には、「紅梅の、いと、いたく文浮きたるに、葡萄染の御小袿、今様色のすぐれたる……」を贈っている。この場面から推し量るに、今様色を彼がもっとも愛してやまない女性に贈っているのである。それゆえに身分の低い人にやっと許されるような薄紅の一斤染、聴色ではなく、禁色に入るほどの濃い色相であろうと判断される。

また、その一方で、私が紅梅と同じ色という『胡曹抄』の説に納得できないのは、同じ場面のなかには紅梅色も今様色も両方の表現があって、筆者の紫式部が二つの色を明確に使い分けているからである。私見であるが、今様色は中くらいの濃さの紅よりやや強い、そして支子などの黄色の入らない、紅花染の色と考えたい。ともあれ、流行の色といえば紅花染であったわけであるから、王朝人はよほど紅花の鮮やかな色を好んでいたということになる。朝廷はそのような贅沢をしないように、たびたび禁令を出した。前田千寸氏の『日本色彩文化史』によって、その様を要約するとつぎのようになる。

延喜十四年(九一四)に紅花大一斤で絹一匹を染めるような火色(深紅色)は禁ずると出したが、その効果がなかったのか、何度もそうした禁令を出している。三善清行という文章博士は具体的に、紅花を染める費用と稲作の収量とを比較してまで贅沢をいましめてもいる。ところが、藤原基経が関白太政大臣になって、いわゆる摂関政治がおこなわれるにつれて、そうした禁令とはうらはらに、ますます華美になっていった。このことは、望月の欠けることのないと自負する道長、頼通という藤原氏の全盛期になると、より強まっていったのである。その例として、万寿四年(一〇二七)の賀茂祭には、藤原頼通は、奢侈の禁令が出ているにもかかわらず、その取り締まりをしている検非違使《けびいし》に対して、東宮つまり皇太子の使、良頼の従僕にはそれを追及してはいけないという命を出した。そこには従者の二十人が紅擣袙《うちあこめ》を着ていて、他とは比べものにならないような、過差なる華麗な美であったと藤原実資の日記に記されている。

麴塵

平安時代に使われた色名には、今日では、簡単にその色相や、その染め方を説明できないものが少なくない。麴塵《きくじん》もそのひとつである。麴塵とはこうじかびのことで、その色は、顔料の緑青にわずかにくすんだ抹茶を混ぜたような、不思議で、魅惑的な色である。平安時代の中ごろに源高明という公家の一人が『西宮記』という有職故実書を著していて、そのなかに「麴塵与二青白橡一物《ひとつのもの》」と書いている。青白橡の橡とは団栗のことで、表記から判断すると、夏の終わりのころのまだ青味ののこる実である。たしかに青味に少し渋い黄色味をおびている。『西宮記』の百年前の『延喜式』には「青白橡綾一疋。苅安草大九十六斤。紫草六斤。灰三石。薪八百卌斤」と記されている。植物染料で緑系の色を出すのに、藍に黄色系の染料をかけ合わすことは、世界の染織の発達した地域で見られる。しかし紫と刈安の黄のかけ合わせは見かけない。日本の、それも平安時代に始まる特別な色であるといわざるを得ない。

どのような色であるのかを、私の工房で、『延喜式』にのっとって染めてみた。刈安は、滋賀県の東部、伊吹山で採集したもの。紫草の根は京都府の福知山で丹精をこめてつくられたものを譲っていただいた。三石とある灰は、椿か柃などのツバキ科の樹の生木を刈りとって、燃やしたものと解釈した。その灰のアルミ分が、古くから紫草や刈安を発色するのに使われてきたからである。それに熱湯を注いで放置しておけば、その成分が溶け出してくる。紫草の根は臼で搗いて砕いて、それを麻袋に詰めて少量の湯のなかで揉み込んで色素を出す。この抽出液を五十度ほどの湯に入れて、薄い染液として絹布や絹糸を繰る。三十分ほどたつと、こんどは椿灰のなかで同じく三十分ほど繰ることによって色を定着させていくわけである。これを何度も繰り返していくが、よく観察すると紫草の液のなかでは赤味の紫、椿灰の液のなかにあるときは青味の紫になる。そこで、椿の灰の液のあと、青味の紫のほどよくなったところで、刈安の染液に浸して、これも椿灰と交互に何回か染めていく。するとくすんだ緑色、すなわち麴塵になることがわかった。

禁色の魅惑

このような不思議な色をなぜ天皇が着用し、しかも禁色とする高貴な色となっていったのか。それは、この方法で染めた色を室内のほのかな明るさで見てみると、薄茶色に見える。ところが、輝くような太陽の光のもとで見ると、緑が浮き立つように映えて見える。紫宸殿の前庭に群臣が居並び、天皇がなかから御簾をあげてお出ましになる。そのときに薄い茶色が陽光をあびて緑色になる。そこに居合わせた人びとは眼をこらして、その神秘的な色彩を眺めたのではないだろうか。麴塵の色には光による演出を考えた魅惑的なものを感じる。

ところで、この色彩の考察においては古くからさまざまな論議がなされている。

『源氏物語』の「澪標《みおつくし》」の帖、住吉詣《もうで》の場面。大勢の廷臣を連れて、その権勢がしのばれるような源氏の一行は、それぞれ美麗な衣裳で着飾っている。そのなかで「六位の中にも、蔵人《くらうど》は、青色しるく見えて」とあって、この青色は、天皇から下された麴塵の袍《ほう》を着ているのだと、『源氏物語』の注釈書のほとんどは記している。それは、その根拠を室町時代に著された『河《か》海抄《かいしょう》』に求めているためである。けれども、私のような植物染をもっぱらとしている者には、これは同意しがたい。紫草の根で染めるのは、単独でもむつかしく、さらに刈安を重ねて染めて、緑系にするのはそうたやすい技術ではない。何度も失敗を重ねてようやく染まるというものである。天皇以外の者が着用してはならない禁色の着衣が、そう多く生産されるはずもないし、簡単に下賜されるものではないと思う。

絵巻に見る衣と彩り

平安時代の人びとの生活の姿を、現存する乏しい資料で推察していくのに、往時に描かれた絵巻物は大きな助けとなる。この時代、『伊勢物語』や『源氏物語』などが書かれて、貴族たちの教養の糧として読まれてきたのだが、たんに文字を書き連ねるだけでなく、その内容を十分に把握できるように詞書《ことばがき》と絵とを交互に配した、物語絵巻ともいうべき巻物が多くつくられるようになってきた。幸いにも今日まで現存している絵巻を詳細に見て、そこに描かれた人物の着衣姿や建造物などを考察していくと、平安時代の色彩が垣間見えてくる。

それらのなかでも、貞観八年（八六六）、清和天皇のときに、大納言伴善男《とものよしお》が起こした「応天門の変」を描写した「伴大納言絵巻」が出色である。この絵巻そのものは、事件からおよそ三

牡丹

百年たった嘉応二年（一一七〇）、高倉天皇のときに描かれたとされていて、時代の経過がかなりあるわけだが、それにしても、平安時代中期から後期にかけての京都の貴族と庶民の姿を見るのには格好の資料といえよう。

大内裏の応天門から炎があがったとの報をうけて、朱雀大路から朱雀門をくぐって群衆が急いで行く。朱雀門は入母屋造りの二階屋であるが、屋根はやや淡い青色に描かれていて、このころの重要な建物の瓦は、緑や瑠璃の釉薬をかけて焼かれていたので、それを忠実にあらわしている。柱にはすべて朱が塗られていて、それがいかにも鮮やかである。そこに描かれた群衆の多くは水干《すいかん》を着た庶民で、その素材は麻と見るべきであろう。色は褐色の無地、なかには藍染の型染か、絞り染を着ていると見える者もある。会昌《かいしょう》門の前には公家、殿上人、それに昇殿を認められていない地下《じげ》の人びともいる。衣冠を着けて黒い袍を着ている人、茜染と思われる緋色を着ている人、緑青で濃く描かれていて、おそらく緑がかった青か、縹色を着ている人もいる。

庶民の藍

さらによく「伴大納言絵巻」を見ていると、もう一つ眼につくのは藍の色である。とりわけ巻中に描かれた群衆のなかで、舎人、そして庶民の部類にはいる水干の男、甕をかつぐ男、馬引きなどは、藍染の麻の型染を着ているように見える。奈良時代にはあった﨟纈《ろうけち》染の技法は、蜜蠟の輸入が止まり、すたれてしまった。平安時代になって、米糊《こめのり》を布に置いて藍染をすると、糊の部分が防染されて白くあがるという、いわゆる筒描・型染の技法がとって代わったとされている。この絵巻中には何人も、そのような型染の衣服を着ている庶民の姿が見える。

この当時は、まだ日本には木綿がもたらされておらず、庶民は麻をおもな衣料としていた。そのほか、藤布、楮の皮による太布《たふ》、葛布、科布《しな》なども用いられていた。そうした植物の繊維によく染まるのは、藍か、茶系統の染料だけである。そうした観点から見れば、その衣裳の色彩によっても身分がわかるといえよう。

朱雀門の石段をかけあがり、手をつないで逃げ走る二人の男女がいる。男は藍の型染を上下に着ており、女のほうは、その表現から藍染の暈《ぼか》し染の絞りと見える（カラー口絵参照）。また一方で、青い狩衣を着けた朝廷の衛府、公卿でも六位もしくはそれ以下の人は縹か、緑のものを着用していて、これも藍染ながら、布は絹地と推察される。藍染の技というのは、麻、木綿といった植物繊維にも、絹、羊毛など動物繊維にも、というように繊維を選ばないで染まるという特徴をもっているからである。

高位の黒・喪の黒

一方、貴族の衣裳については平安時代のはじめまでは、幾たびかの改正はあったものの聖徳太子の冠位十二階の制により、紫系のものが上位の官人の衣裳として規定されてきた。八世紀のはじめに編まれた『養老令』では、一位黒紫、二、三位赤紫、四、五位深緋、六位深緑、七位浅緑、八位深縹となっている。

黒紫とか深紫《こきむらさき》といった、染色の回数を重ねて、極限の濃さにまでしたものを、誇るように着ていたむきもあった。そして、『源氏物語』などを見ても、一貫して紫を高貴な色として扱っていて、依然として、紫を崇める傾向は強くあったが、官位の正式な衣裳である礼服の束帯や衣冠などには、四位以上は黒を、緋は五位、六位以下は縹を用いるようになった。それは、村上天皇の天暦年間（九四七～九五六）に決められたもので、平安時代あるいは鎌倉時代に描かれた多くの絵巻物、たとえば「源氏物語絵巻」を見ても、「紫式部日記絵巻」を見ても、公の場での公卿の姿を黒で表現している。この黒を染める材料には、奈良時代から橡《つるばみ》という櫟《くぬぎ》の実、いわゆる団栗が用いられてきた。『続日本後紀』の承和七年（八四〇）の項には「天皇除素服著堅絹御冠橡染御衣」とあって、これを裏付けている。

また黒は喪の色でもあり、『栄華物語』に「宮ゝ御方〴〵の墨染どもあはれにかなし。同じ諒闇《りやうあん》（天皇の喪）なれど、これはいと〳〵おどろ〳〵しければ、たゞ一天下の人烏《からす》のやうなり。四方山の椎柴《しゐしば》残らじと見ゆるも、あはれになん」とある。喪に服しているから、皆、烏のようであるというのである。椎の実あるいは幹も含めて煎じた液で染めてから、鉄分のある液に浸すと、橡と同じように墨色の系統、つまり鈍色になっていく。こんなに黒ばかりだと、山から椎の木がなくなってしまう、と嘆いている。この『栄華物語』の記述を見て、橡から椎柴へ墨染の材料が移っていったと記す研究書もあるが、私の工房での幾度かの実験によれば、どちらも色目としてはそう変わりはなく、両方使っていたと考えるべきであろう。現に『源氏物語』の「夕霧」の帖には、「衣《きぬ》の色、いと濃くて、つるばみの喪衣《もぎぬ》一かさね、小袿着たり」とある。

男性の衣服の色

村上天皇のときより朝廷における正装は、衣冠束帯というういわゆる強装束《こわしょうぞく》で、四位以上は黒を着るようになった。さきの「伴大納言絵巻」や、鎌倉時代に描かれた絵巻物などを見ても、男性の姿にはたしかに黒が目立っている。だが、絵巻を詳しく見ていくと、その下には真っ赤な下襲《したがさね》が、透けて見えている。黒の下に赤とは、現代からみれば、いかにも大胆な組み合わせであるが、平安時代の男性の衣裳は女性の襲と同じように、じつに華やかなものであった。四位以上は黒と決められたようだが、私は、『源氏物語』を読んでいて、それが実際に守られていたのだろうかと疑問に思うところがある。

たとえば、「澪標《みおつくし》」の帖、住吉詣の場面である。光源氏は自ら須磨・明石へ隠棲していたとき春の嵐に出遭うが、海の東の先にある住吉大社のおかげで救われる。都にもどってから、権勢への復帰をはたした光源氏はその住吉へお礼に詣でる。

松原の深緑なるに、花・紅葉をこき散らしたるとみゆるうへのきぬの、濃き薄き、かず知らず。六位の中にも、蔵人は、青色しるく見えて、かの、「賀茂の瑞垣《みづがき》」恨みし右近のじようも、靭負《ゆげひ》になりて、こと〴〵しげなる随身《ずゐじん》具したる蔵人なり。良清も、おなじ佐《すけ》にて、人より殊に物思ひなき気色にて、おどろ〳〵しき赤衣姿、いと、清げなり。

住吉の浜の深い緑を背景に進む源氏の一行は、花紅葉をそのあたりに散らしたような華やかさであった。「濃き」「薄き」というのはそのあとに紫が省略されている。紅葉とあるから、茜染による緋の色もあったのであろう。かつての冠位十二階の、紫や緋色といった上位の色が復活しているというより、四位以上の黒というのは必ずしも守られておらず、衣冠束帯にも従来の華やかな色合いがかなり用いられていたようである。直衣、狩衣といった普段着には、これ以上に多彩なものがあったようである。紅梅、桜、櫨紅葉《はじもみじ》などとあって、今日の男性の背広の紺、黒、茶を主体としたものとは比べものにならないほど華やかなものであった。

直衣姿の男性の、それも夏の衣裳を描いた絵画資料はかなりの数にのぼる。たとえば、大阪

三重襷文様

四天王寺に伝えられる「扇面古写経」(国宝)である。これは、平安時代の終わりごろに、都に住む貴族が納めたもので、扇形の冊子に風俗画が描かれ、その上に法華経が写経されている。それぞれの場面には、平安時代の貴族の生活ぶりや庶民の姿が描かれて、往時の風俗を知る格好の資料となっている。その法華経第一第九扇「消息を読む公卿と童女」の図には、七夕の日の様子が描かれていて、歌か物語が記された料紙を読む公卿は、三重襷《みえだすき》文様の直衣姿であって、色は藍にわずかに紅花をかけた淡い紫系のように見える。七夕は、旧暦の七月七日、立秋のあととはいえ、まだ暑さの残っているときであるので、夏の直衣を着ているのであろう。

衣服の調達どころ

このような衣服のもとになる絹糸、絁《あしぎぬ》といった布、綿(といっても木綿はまだ日本にはなく、これは絹の真綿を示す)、そして麻、藤、葛などの布類、また、植物染料といった材料は、すべて庸調という現物で納める税であった。この時代は、まだ貨幣経済が未発達だったため、租庸調などの国に物納されたものを貴族たちに配分していた。国ではそれらの材料をもとに、大蔵省に属する織部司で染色したり、布に織りあげたりして分けあたえていたことになる。

貴族官人には、宮中でおこなわれる行事や節会《せちえ》のおり、ご褒美である禄物をたまわったり、定期的に位禄、季禄として反物があたえられていた。そして京の街には、七条通に東西の市があり、全国から集められた物産が交換売買されていた。そのなかにも、絹糸、布、染料などもあった。そこで買い求めることもできただろう。また、その逆に、上からあたえられたものを、たとえば食料などと交換していたかもしれない。

　衣配りにあるように、光源氏のように権力も富も得た人は、数多くの美麗な衣裳や布を手に入れることはわけもなかったであろうし、それを娘や恋人、そばにいる女房や童などに分けあたえることはたやすいことであった。

　では、女性たちは、それだけで十分なお洒落が楽しめたかといえば、そうでもないようである。とくに織部司という役所が、平安時代の中ごろをすぎたあたりから、十分にその機能をはたせなくなっていった。大舎人《おおどねり》という、文字から判断してみると、本来は宮中の宿直、供御《くご》にあたっていた人たちが、織物、染色にも携わるようになってきた。どのような経緯でそうなったかは定かではないが、かなり高位にある貴族の家では、織物をする機や染める場所をみずからの邸に調えて、私的に衣裳をしつらえることもおこなわれた。その作業を大舎人が担ったり、手伝いをしたりしていたことから、

山吹

そのなかで秀でた人たちが、おのずから座のようなものを形成していった。これが、応仁・文明の乱以後、織物の街西陣を形成する源となったのである。

平安期の藍染

藍は植物染のなかでもっとも重要な染料で、世界の至るところで使用されてきた。獣皮をまとう北極圏の狩猟民の人びとや、赤道直下の、暑くて衣服を必要としない民族などを除くと、どこでも藍染をおこなっていたと考えて間違いないだろう。

伝統的な藍染の技法についての私の推論も、なかなか結論が出ない。日本の藍染の歴史をたどれば、中宮寺にのこされている「天寿国繡帳」、そして正倉院宝物のなかにあるもの、たとえば大仏開眼のおりに、開眼筆に結ばれて大仏殿の前庭まで引かれた「開眼縷《かいげんのる》」などを見れば、その技術の完成度の高さを知ることができるが、それらがどのような過程を経て染め上げられたものであるかは、推察するしか手だてはない。文献上から、かなり踏み込んで藍染の技法を考察できるようになるのは、平安時代になってから、つまり『延喜式』の成立からである。

蓼藍《たであい》は夏になると、根もと近くから刈って収穫する。その生の葉をちぎって、布や糸に摺りつけてみると、葉緑素も一緒になって緑色に染まる。このとき、麻や木綿などの植物繊維はいくぶん乾いてから灰汁に浸けないと、色素が定着しない。水で流れてしまう。絹はそのままでもよく染着している。だが、葉緑素の色素は弱く、水で洗ったり、時間がたつと藍の青だけがのこる。

葉をそのまま摺り込むという原始的な技法から一歩進んだ、生葉染《なまはぞめ》と称している染め方がある。これは現代でも、おこなわれているもので、夏に畑で生育した蓼藍を、根もとから十センチほど残して刈りとってくる。葉をちぎって細かく刻み、水のなかでよく揉む。三十分ほど続けて揉んでいくと、深い緑の液となっていくので、それを麻布の袋に入れて絞り、染める液をつくる。そこに絹糸か絹布を入れて繰っていくと、淡い緑色が染まっていく。およそ一時間で、色がついていくので、それを真水を張った別の槽で水洗いすると、やがて葉緑素の緑は流されて、藍の色素が糸や布に定着して、甕覗《かめのぞき》、水色、浅葱《あさぎ》と呼ばれる淡く澄んだ青色になる。ただ、これは、絹にしか染まらない。それも何度重ねても濃くならない。染めてもせいぜい浅葱色ほどの濃度にしか染まらず、木綿、麻といった植物繊維には色素が定着しないのである。

蒅法と沈殿法

やがてこのような原始的で時期も限られた染色技法ではなく、刈りとった葉を蓄えて、長期間にわたって使う方法があみだされていった。

世界的にみると、藍の製法には二つの流れがある。蒅《すくも》法と沈殿法である。蒅法とは藍の刈りとった葉を乾燥させる。それを積み上げて水をふりかける。何度もかけるうちに、それは腐敗して熱を帯びる。そこへさらに水をかけて発酵させるのである。何度もそれを繰り返すと、藍の葉は腐葉土のようになってしまう。この技法は日本では中世より完成されたと考えられる。ヨーロッパで藍の原料となった大青《たいせい》も同じ方法で保存されてきた(第四章の藍染の項参照)。

沈殿法は刈りとった葉をプールのような水槽に放り込んで、それらが水面から出ないように、竹か木を格子状に組んで沈めておく。二、三日放置すると、水に藍の色素が溶け出してくる。それを棹などでかきまわして空気を送り込み、さらに木灰、石灰などアルカリ性の灰分を入れると藍の色素は沈殿する。その上澄《うわずみ》液を捨てて、残った液を保存して染料とする。

これは、日本では沖縄本島にある伊豆味《いずみ》という村で、伊野波盛正氏によっていまもおこなわれている技法である。インドでも、まだ二、三カ所のこっているようで、そのうちの一軒を映像で見たことがある。沖縄のものより大規模で、広いプールのような所でおこなわれていたが、沖縄とちがうのは、石灰を入れないで、ひたすら棒で藍の色素が溶け出した液をかき回し、空気を入れて沈殿させていたことである。やがて濃い藍の液状のものができあがる。それを太陽の光もしくは、わずかに熱を加えて乾燥させるのである。この製法は、紺屋に染料として売る専門業者のものである。

中国の南部やタイなどに住む、ミャオ族の一部、あるいはいまも伝統的な技法をのこすインドネシアの島々の絣やバティックをつくる人びとのあいだでは、沈殿法のより原始的なかたちがのこっている。亜熱帯地方であるから、庭や畑には藍が年中生育している。琉球藍と同じキツネノマゴ科のものだが、それを刈りとって、水を張った甕に入れておく。しばらくすると、色素は水に溶けだし、入れた葉は少し腐敗して液が発酵してくる。そこに、木灰や石灰を入れ、さらにバナナの実、マンゴー、酒などブドウ糖になるようなものを放り込んでおくと、藍の液は発酵還元状態、つまり酸欠になり、やがて発酵が進んで水の表面には藍の色素が漂い、泡がいたる所に浮いてくる。このようになると、木綿のような植物繊維も、絹も問題なく染まっていくのである。

『延喜式』の藍染

私は、『延喜式』に書かれた藍に関する文章を読み解くうちに、平安時代には、このような沈殿法が多く採られていたのではないかと考えるようになった。

『延喜式』の藍に関する個所を引用してみると、縫殿寮には「中縹綾一疋。藍七囲《かこい》。薪九十斤」とあり、内蔵寮には「雑染　藍染綾一百疋。……　右毎年起六月一日至八月卅日染畢」「御服料　小許春羅二疋。白綾十四疋。……　用度生藍八十六囲大半」とある。藍囲、生葉囲とある「囲《かこい》」は束ねる単位であり、畑から刈りとって束ねたものをすぐ使っていると考えられる。染色の時期も、旧暦の六月から十月までとあるから、一番藍を刈りとるとき、さきに書いたように茎を少しのこしておくと蓼藍はおよそ一カ月ほどでまた生長して葉を茂らせるので、二、三回収穫できることになる。一説には、さきに書いた生葉染だけで染色をおこなっていて、発酵建て（「建てる」は甕に藍を入れ、灰汁を張って染められる状態にすること）の技法はもっと時代が下って、蒅《すくも》をつくるようになってからともいわれるが、私はそう思わない。なぜなら、濃い藍にするには、生葉染ではかなわないわけで、『延喜式』には濃藍《こきあい》と書かれているところからも、沈殿法による発酵建ては完成していたとみなして間違いない。生葉を刈りとって束ね、それを水に放り込めば、藍の色素が溶出する。ただ、疑問なのは、灰の記載がなく、薪があることである。薪はほかの項を見ても溶液を温めるためのものであるが、藍は夏の期間だと、保温、加熱の必要性がない。したがって薪は灰にしたと解するべきであろう。

それに、『延喜式』の別の項には「貲布《せっぷ》一端乾藍《ほしあい》二斗灰一斗……」と書かれていて、貲布つまり麻布には乾燥させた藍を使っている。そうすると生葉から直接建てるのと、乾藍とを併用していたと考えられる。

藍は、生葉からは水に溶け出るが、いったん乾燥させると、普通の水には長時間浸けても溶けない。保存した藍を水に溶かして染料にするには、アルカリ性の液が必要である。

私の工房では、橡《くぬぎ》・樫《かし》といった堅木《かたぎ》を燃やして灰をつくっておく。その灰を樽につめて七分目くらいまでにする。そこに熱湯を注いでしばらく放置しておいて、十分に灰の成分を吸った液を下の穴から流し出して、灰汁をとる。沈殿藍も蒅も建て方の技法は同じで、藍を入れた甕にその灰汁を注いで溶かす。そこに小麦粉の澱粉質であるふすまとか酒などを入れて発酵かつ還元をうながすようにする。

夏であれば一週間ほどで藍の液の表面に泡が浮いてくる。こうなると藍の染まる証しである。これならば、植物繊維である麻でもよく染まる。だが、『延喜式』に貲布すなわち麻のときは乾藍とあるのが、たんに乾かした葉のことなのか蒅にしたものかははっきりとしない。

写経に見る藍

奈良時代とはちがって、平安期の美術工芸には今日まで伝えられる遺品が数少ないことはしばしば述べてきたが、藍に関しては、この時代に制作された経典に注目しなければならない。

王朝の貴族たちは、現世の不安におののき、来世において極楽浄土に往生することを願って法華経を信仰の対象とした。写経をし、法会を営むことが、未来の成仏への「結縁《けちえん》」となると説かれたところから、写経事業がさかんになっていった。そのなかで、中尊寺経、神護寺経と呼ばれている紺紙金字あるいは、金銀字一切経が今日でも伝えられている。それらは、当時、

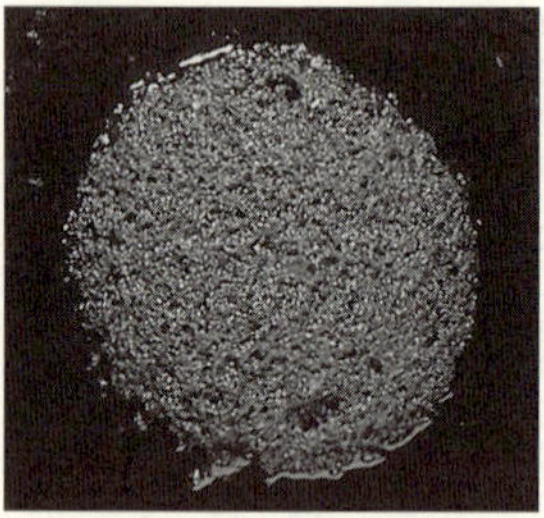

藍の花（撮影：永野一晃）

五千巻以上というおびただしい数がつくられ、いずれも華美な装飾経であった。

その紙を染めるのに、青黛《せいたい》という藍を精製した色材が用いられた。藍草あるいは藍を沈殿させて藍を建てると、染色が可能な状態になれば、表面に泡が立ってくる。これは「藍の花」と呼ばれているが、これを集めて、ぬるま湯を注いで攪拌する。灰汁があるのではじめのころの液は茶色に濁るが、下に藍の色素が沈殿しているのが見える。上澄みの液を捨てて、何度も攪拌する工程を繰り返していくと、沈殿した藍も美しくなってくる。それを集めて乾燥させたものが青黛で、いわば染料を顔料に変えたものである。「正倉院文書」に「青代」「藍花」と記されているものがこれで、古くからの文献には藍蠟《あいろう》、藍靛《あいでん》、藍墨などとも記されている。

その藍蠟を、膠《にかわ》と礬水《どうさ》で溶いて、刷毛で塗り重ねていく。膠は豚などの骨や皮にあるゼラチン質を濃縮したもので、顔料の接着剤となる。礬水は、明礬を水に溶解したもので、これはにじみを止める作用がある。

和紙に藍蠟を何度も塗り重ねて、さらにイノシシの牙や石でみがきをかけて表面に光沢をつけ、なめらかにする。そこに金・銀泥で、経文を書き写していくのである。一巻には少なくとも十枚ほどの紙を継いで軸に巻いてあり、その軸端には水晶、金細工など華麗な装飾がほどこされたものが用いられている。

五千巻というと、十〜二十枚の紙を継いでいくわけで、紙は五万枚以上にものぼる数を藍で染めなければならず、そのような大量の藍蠟をどのようにしてつくったのか、私には疑問がのこる。私の工房で藍甕のよほどよく建ったものから泡を集めても、せいぜい五枚、十枚染められるかどうか疑問である。こういうところから見ても、一軒の染司は相当な規模で藍染をおこなっていたと考えられるが、畑での藍の栽培も、どのように広い所でおこなっていたのか、現代の染屋の想像は史実に追いつかない。

山藍

これまでに述べてきた、渡来植物である蓼藍とは別に、日本には古くから山藍《やまあい》という植物があった。たとえば、『古事記』の仁徳天皇の項では、丸邇臣口子《わにのおみくちこ》が「紅《あか》き紐著けし青摺の衣を服たり」と記されていたり、『万葉集』にも「……紅《くれなゐ》の　赤裳裾引き　山藍もち　摺れる衣《きぬ》着て」(巻第九)とあるのは、このトウダイグサ科の山藍が用いられていた可能性が強い。山藍が日本の藍染の源であるように思われるむきもあるが、しかしながら、この植物には、藍の成分は含まれておらず、枯れると、葉は茶色に変色してしまう。葉に含まれる葉緑素を布に摺りつけても、数日あるいは一、二週間は緑色を保っているが、水に遭うと簡単に流れてしまい、やがて変色してしまう。

このような原始的な染色である山藍摺りであるが、日本に蓼藍がもたらされてからも、神事のおりに清浄な衣裳として着る小忌衣《おみごろも》などに使われつづけてきた。

『延喜式』に「新嘗祭小斎諸司青摺布衫三百十二領」とあるのもおそらく山藍摺りだろうと考えられる。というのは今日でも今上天皇の即位礼での、大嘗宮悠紀《だいじょうきゅうゆき》・主基《すき》両殿の御親祭のおりには、京都府八幡市石清水八幡宮境内に生える山藍で摺ったものが献上されているからである。

また、平安時代におこなわれていた歌舞のなかに「東遊《あずまあそび》」というものがある。古くは東国の地で生まれたという素朴な遊芸が、やがて宮廷や神社でおこなわれるようになり、定着していったものである。『源氏物語』「若菜下」の帖に、光源氏が住吉に詣でる場面があって、そのなかで東遊びの場面が出てくる。

ことぐ〵しき高麗《こま》・唐土《もろこし》の楽よりも、東遊《あづまあそび》の、みゝなれたるは、なつかしく、おもしろく、……山藍に摺れる竹の節は、松の緑にみえまがひ、挿頭《かざし》の花の色々は、秋の草に異なるけぢめ分かれで、なに事にも、目のみまがひ、求子《もとめご》(曲の名)はつる末に、わかやかなる上達部は、肩脱ぎて、おりたまふ。

「山藍に摺れる」というのは、この技法をあらわしている。山藍を摺って、その葉緑素が付着して松葉のような深い緑色になっているというのである。私も何年か前に、石清水八幡宮のある男山《おとこやま》に登り、神社の許可を得て山藍を採取し、それを再現したことがある。山藍草の葉をちぎってよく乳鉢で摺り、それを麻布にくるんで、布の上に文様を彫った型紙を置いて、摺染をしたのである。『源氏物語』の文中にあるように、濃い緑色が付いた。

摺染にすると長い時間、色は保ちがたい山藍であるが、この技法が古代より長くつづけられてきたのは、時節をとわず、年中緑の葉をたたえているからであろう。蓼藍なら、夏の間だけで枯れてしまうからである。儀式祭礼の直前に摺って、四、五日は大丈夫で、あとは変色してもかまわないものに使われている。加えて山藍には清浄な植物という印象もあるという。

東遊は、今日でも五月の葵祭の当日、上賀茂神社の奉殿でもおこなわれるし、十二月には奈良の春日大社の御祭《おんまつり》でも神がおわす御旅所の土舞台でゆかしくおこなわれ、白い絹地に青摺りでシダの文様があらわされた衣裳をまとう。その青摺りは山藍ではなく緑青のような絵具で摺られたものだが、古《いにしえ》のよすがを十分に見ることはできる。

二藍を染める

二藍《ふたあい》という言葉は王朝の物語に多く見られる。文字だけを読むと、藍を二回重ねて濃い青にするように思えるが、紅花と藍をかけあわせた紫系の色を指す。

紅花が日本へ渡来してきたのは五世紀ごろと前にも書いた。それは六朝の時代であったが、三国時代の故地である「呉」の国からと考えていた。そのため日本に渡来したとき、紅花は呉《くれ》藍《あい》、つまり呉の国から来た染料(藍)といわれていた。藍は染料の総称としても使われていたのである。平安時代のはじめ、西暦九〇〇年代に成立した『倭名類聚鈔』には「紅藍。弁色立成云、紅藍　久礼乃阿井《くれのあい》、呉藍同上、本朝式云　紅花俗用之」とあって、平安時代は「紅藍」という文字をあてていたことがわかる。したがって、蓼藍に紅藍をかけて、紫系の色合いにするわけだが、二つの藍(染料)で染めるということで「二藍」と記されるようになった。

染色をする手順では、必ず藍をさきに染めてから紅花の染液に浸けなければならない。なぜなら、紅花は、藍甕のなかの藍のように、木灰が入ってアルカリ性になっている染料のなかに入れると、色素を放出してしまうからである。まず、藍を所定の色に染め、紅花を重ねることによって紫の明度を加減していく。したがって、桔梗の花のような色は、藍を濃く、紅花を薄くかけることによって渋い青紫の色となるのである。

このような二藍は、平安朝の人びとにとってはある意味で流行色でもあった。『枕草子』三十五段で清少納言は、寛和二年(九八六)の法華八講などの様子、参じた公卿の衣裳などを回想して、「二藍の指貫《さしぬき》、直衣、浅葱の帷子《かたびら》どもぞすかし給へる」「かうのうすものの二藍の御直衣、二藍の織物の指貫」などと記し、また、指貫(袴)の色について、「夏は二藍」(二百八十一段)という記述も見られる。このように、藍と紅花をかけあわせた二藍は、服地は生絹で、三重襷文様の直衣は往時の貴公子の常着のようである。二つの染料をかけあわせるので、紅花を濃くすれば赤紫に、藍を強くすると青紫になるように、さまざまな色相の二藍があったことになる。若いほど赤味に、年齢を重ねるほど縹がちの色になっていったようだ。

『源氏物語』「藤裏葉《ふじのうらば》」の帖では、夕霧がようやく内大臣の娘雲居雁との仲を許されて藤の花の宴に招かれることになったとき、光源氏は父として、「直衣こそ、あまり濃くて、かろびためれ。非参議のほど、何となき若人こそ、二藍はよけれ。ひきつくろはむや」と忠告している。若ければ赤味のある二藍もよいが、参議になろうかといういまになれば、少し大人っぽくしてはどうか、というのである。そして、縹の直衣とともにみごとな下襲《したがさね》などを贈っている。

第四章　中世の華麗とさび——武家と庶民の衣

「職人尽絵」より「型染師」(喜多院蔵)

六波羅様の全盛

いつの時代も権力者は身辺を美しく豪華華麗に飾り、おのが力を誇示する。おおむね前の時代を否定し、新たな装いをこらすのが普通だが、平安後期から力をつけて、やがては源平の対立という新しい時代をむかえる武家の頭領たちは、まだかつて天皇、公家たちが形成していた宮廷文化の影響下にあったといってもいいだろう。とくに平家一門は、公卿の服飾を踏襲して、そこに、六波羅様《ろくはらよう》と称される平氏好みを反映させていた。

六波羅とは、京都の鴨川の東岸、五条通と七条通あたりの地域の名称で、平正盛がここに六波羅殿を創建し、その孫にあたる平清盛が二十町歩におよぶ平家一門の居住地をつくった。「六波羅様」とはこの地名に由来したもので、一門が権力をほしいままにしていた時代の、彼らの好みの風俗を指している。『平家物語』巻第一「禿髪《かぶろ》」のなかに、

六波羅殿の御一家の君達といひてしかば、花族《くわぞく》も栄耀も面《おもて》をむかへ肩をならぶる人なし。……衣文のかきやう、烏帽子のためやうよりはじめて、何事も六波羅様といひてげれば、一天四海の人皆是をまなぶ。

と、平清盛の権勢とその風俗流行の風潮を記している。だが、たとえば衣裳の色や形に関して具体的に公家とどのような差異があったのかは明らかでない。「衣文のかきやう」つまり、きものの着方まで六波羅様だとある。これは、衣裳が身体にそった柔らかなものではなく、生地に糊を付けて堅地にし、着たときに肩が直線のようになって、胸まわりのふくらみも放物線を描いたように見える強装束《こわしょうぞく》で、それが六波羅様だとするむきもあった。

だが、十五世紀のはじめに記された『海人藻芥《あまのもくず》』という書物には、「鳥羽院ノ御代ヨリ強キ装束ヲ用ル故ニ。衣紋ノ沙汰出来スルナルベシ。上代ハ皆ナヘ装束トテ。フクサニテ強クハ不調也。然ニ鳥羽院已前ノ人ノ影ヲ書トテ。鳥羽院以後初タル強装束ノ衣紋ヲ書タルハ絵師ノ不覚也」とある。つまり、それまでの弱装束であったものが強装束に代わったのは、公家の頂点であった鳥羽上皇からはじまったとする。烏帽子にも漆を厚く塗って強く張るようにしたとあるが、いずれも従来のものとそう大きな変化があったとは考えられない。むしろ十二世紀末から十三世紀初めに藤原隆信によって描かれたといわれる平重盛像、源頼朝像を見るかぎりでは、それまでの公家の黒い袍に白い袴と下襲、飾り太刀をさした衣冠束帯の姿そのままを踏襲しているように見える。ただ中下級の武士たちの平服は、貴族の狩衣やまた身分が低くても水《すい》干《かん》を着用したのに比べて、直垂《ひたたれ》のような簡素なものですませている。同じ『平家物語』「禿髪」

に「あかき直垂をきせて」とあって、茜染めの華やかな直垂を着ていたとある。ただし、これは戦いがないときの日常服のことである。

甲冑の色と意匠

武士にとっては戦場こそ彼らの晴れの場であり、戦いの場に着用する装束、つまり甲冑《かっちゅう》という衣裳が重要だった。

甲冑は刀から身を守り、矢をはじく役割をする実用的なものでありながら、戦場という晴舞台に、みずからの存在を誇示するように華麗な色と文様がこらされていたのである。それについては、『梁塵秘抄』のつぎの歌が端的にあらわしている。

武者《むさ》の好む物、紺よ紅山吹濃き蘇枋、茜寄生《ほや》の摺、良き弓《ゆみ》胡簶《やなぐひ》馬鞍大刀腰刀《こしがたな》 鎧《よろひ》 冑《かぶと》に、
脇楯《わきだて》 籠手《こて》具《ぐ》して、

この有名な一節は、当時の風俗を解説するのによく引用されるが、「山吹濃き蘇枋」の注釈には、山吹と黒味をおびた濃い蘇芳の赤としてある訳本が多い。だが私は、山吹色の赤味の黄色と、濃きのあとは紫が略されていて、濃き紫、そして蘇芳の芯材で染めた赤とすべきである

と考えている。それは現に、今日までのこされた遺品のなかに、もっとも高位とされた紫草の根で染めた紫色の威《おどし》（後述）などがいくつもあって、質実剛健を旨としていた武将たちも、甲冑には派手で華やかな装いをこらしていたことがうかがえるからである。

鎌倉時代の作とされ、現在は奈良春日大社に収蔵されている国宝「赤糸威鎧《あかいとおどしよろい》」を見ると、金と多彩な色と文様に魅了される。頭から上へ大きく開いた金の鍬形と、頭部を守る冑鉢《かぶとばち》と錏《しころ》、そして大袖《おおそで》には、竹、雀、虎の文様を彫り込んだ金工が見事な輝きを見せている。胸から腹部を守る弦走《つるばしり》には型紙で牡丹と獅子をあらわしている。中国において百獣の王として崇められた獅子と、唐時代富貴の花として好まれた牡丹の花が唐草風に配されて、いかにも武将好みの意匠が全面に配されている。その技法をみると、型紙に文様を彫り込み、墨と藍から精製した藍蠟をまぜて、墨紺色を主調に、花は上質な朱の顔料を使って澄んだ赤を出している。

肩から垂れ下がる大袖、腰から下に広がる草摺りは、小札《こざね》といって、鉄製のものか、あるいは鞣《なめ》していない堅い皮を短冊のように細くして、そこに漆が塗られたものを、絹糸の紐か革紐で綴っている。それを「おどし」という。「緒通し」、緒すなわち、紐を通すというところからきている。漢字では「威」または「縅」の文字があてられるが、それは敵をおどすということにも通じる。威には、緋色系のもの、濃紺、萌黄などがある。紫のものには紫裾濃《すそご》といわれる、上部が淡い紫で、裾にいくほど濃くなっていく暈繝《うんげん》のものもある。威は絹糸を組んでつくったものが多いが、鹿皮を細く切ったものもあり、それにも茜染のものや、藍色で小桜文様をあらわしたものなどがあって、それぞれに色と文様で華麗な表現をしているのである。

威は、この春日大社のものや、東京・青梅《おうめ》の御嶽《みたけ》神社所蔵の「赤糸威鎧」（国宝）のように「赤」とあるのは茜で染めたもので、その技法についてはすでに二十八頁で記したが、これほど鮮やかで、しかも深みのある色に染めるのは、並大抵の技術ではない。私の経験からすると、掘りあげた茜の根も、新しいものを、しかも大量に使わなければならない。染色の日数も、少なくとも五日間以上かかっているであろう。しかも、使う茜の根は、毎朝、新しく煎じなければいけない。媒染剤は椿か柃《ひさかき》の木灰である。前日の残ったものや、何回も煎じたものでは、たとえ色が出ても、濁ってくるからである。甲冑の色のなかでは最も目立つのがこの赤糸威、すなわち茜染の糸であるが、皮革を染めることもあって、赤皮威《あかがわおどし》と記されたものは、同じく茜の根の染料によって染めている。

鎌倉時代から室町時代に描かれた合戦絵巻物「蒙古襲来絵巻」などを見ていると、馬の手綱、腹帯などの紐類はどれも鮮やかな茜染と見え、平安時代から中世にかけての茜染の技術が最高の水準に達していたことがわかるのである。

ところが、茜は紫と同じように染色には手間がかかり、きわめて困難であるために、中世の終わりには衰退してしまう。

「褐色」の登場

平安時代の後期から武具甲冑の装飾性が強まっていくなかで、それまでにはなかった色名が登場してくる。「褐色《かちんいろ》」である。それは黒に近い濃い藍色と解していい。藍を染めるのに、甕に何回も浸して黒に近いように染めるか、あるいは藍で濃く染めたうえに、五倍子《ごばいし》や橡《つるばみ》などの茶系の染料で染めてから、鉄分のある液に入れて媒染して、黒い色を掛け合わせることによって濃い墨色に近づける、そのような色を指している。戦いの「勝ち」につながるとして、武将たちは衣裳のなかにこの色をあらわそうとした。播磨、いまの兵庫県姫路市あたりで染められたことがつぎの『梁塵秘抄』の歌から知られる。

いかで磨《まろ》　播磨の守の童《わらは》して、飾磨《しかま》に染むる搗《かち》の衣着《きぬ》む、

古くから、この地は蓼藍《たであい》の栽培地として知られていた。おそらくここで藍を染める紺屋が何軒か点在していたのであろう。もう一個所、現在の京都府八幡市石清水八幡宮近くで大谷の神人《じにん》たちが黒味の強い革を染めていたが、それは八幡黒と称していた。また、ここには、菖蒲の葉や花の文様を幾何学的な小紋の意匠に彫った版木で挟んで染め、文様を白くあらわす技法が

あったので、その文様にちなんでこれらを菖蒲革《しょうぶかわ》とも称していた。

これらの褐色は藍甕のなかに糸や布を入れて繰る、浸染《つけぞめ》で染めたものであるが、藍甕の表面に浮く、藍が酸化した泡や膜を集めるという別の方法もある。絵具状の藍泥がとれ、それは有機顔料になっているから、豆汁《ごじる》で膠を溶きまぜれば塗ることができる。これはさきに書いた、平安時代の紺紙金泥経をつくるときにも使われたものである。

平安時代の甲冑で、広島県厳島神社に伝えられる国宝「小桜韋威鎧《こざくらがわおどしよろい》」がある。弦走の部分は格子に花文様が、威には小さな桜の文様がほどこされている。これらは浸染ではなくて藍泥が型紙で摺り込まれた藍染である。

さらに、私が、平安から鎌倉・室町にかけての甲冑の装飾のなかで感心するのは、伏繍《ふせぬい》と称する刺繍技術の一種である。甲冑そのものは堅く、矢や刀から身を守る強固なものであるから、たとえば弦走の胴の部分は、鞣さない生のままの堅い地韋《じかわ》を丸い形にしてかためた上に、獅子に牡丹とかの文様を染めあらわした鹿革を縁で縫い合わせている。その縫糸はあらかじめ何種類かの色に染めておく。白、萌黄、紺、萌黄、白、薄紫、紫、薄紫、白というように、優美な色を順に一色ずつ、矢羽根文様を組むように色を並べて縫い合わせていくもので、きわめて熟練した技法が要求される。

この伏繍の技法は、大阪四天王寺に所蔵される懸守《かけまもり》の縁にも使われている。懸守とは平安時代の終わりにつくられた貴族たちの御守りで、桜花や丸文をかたどった木に錦の裂を張り、その縁取りに伏繍がほどこしてあり、王朝の色彩美の極みがこれにあらわされているともいえるほど麗しいものである。伏繍は、このようにもともとは貴族階級の衣裳あるいは道具類に用いる高度な技術であった。それが甲冑に応用されているということは、最高の職人たちの顧客が貴族から武将へ移ったことの証明でもあるのだ。

木綿以前の繊維

これまで王朝の貴族の襲《かさね》の衣裳などの華麗な彩り、武将の甲冑に見るような精緻な技巧とそれにともなう華美な彩りを見てきたが、平安時代から中世にかけての庶民はどのような衣服を着ていて、その色彩はいかなるものだったのだろうか。だが、名もなき市井の人びとの衣裳が今日まで伝えられていることはほとんどなく、絵巻物などの絵画資料と文献から探るほかはない。

日本に養蚕の技術が渡来して、絹糸を美しい色に染め、機にかけて製織して色鮮やかな織物を着るようになる以前は、衣服は、植物の樹皮から採った靭皮《じんぴ》繊維でつくられていた。『魏志倭人伝』に記された「禾稲紵麻を種え」という一行を見てもわかるように、もっともよく使われていたのは苧麻《ちょま》や大麻を用いる麻布、楮《こうぞ》の木の皮を使う太布《たふ》、藤の蔓を使う藤布、葛布などの原始繊維であった。それから稲作が渡来してからは、藁を編むようにした簑のようなものも貧しい農民の衣類としてあった。そうした靭皮繊維から採った布を「木緜《ゆう》」と書きあらわしていた。

「木綿《もめん》」と読む、熱帯または亜熱帯の温暖な地で生育するアオイ科の植物の、その種子を包むように密生して生える細い繊維を紡ぐことによって糸を得て、それを織りあげるものはまだ日本になかった。延暦十八年(七九九)に三河国に漂着した崑崙人《こんろん》がはじめて木綿の種をもってきたが、当時の日本では育てることができなかった。鎌倉時代から室町時代にかけて木綿布が輸入されたが、ごくわずかなもので、とても庶民の手の届くものではなかった。その作付けと栽培の技術は室町時代の終わりから桃山時代のはじめにようやく日本にもたらされた。

江戸時代になって、藩の殖産振興政策によって西日本の温暖な地にその栽培が広まるまでは、日本人が木綿を衣料として用いることはできなかった。そのため中世までの庶民はほとんど麻など「木緜」の繊維しか着ることができず、寒い冬などはそうした衣類を何枚も重ねて着て寒さを防いでいたことになる。

絵巻に見る庶民の衣

こうした庶民の姿が、絵画にあらわされてくるのは、平安時代の末に描かれた「扇面法華経冊子」や「伴大納言絵巻」で、さらにその姿が詳らかになるのは、鎌倉期の「石山寺縁起絵巻」などである。

「石山寺縁起絵巻」のなかに、石山寺の常楽会という涅槃会をおこなうにあたり、寺院のなかに新たな建築物を造営している場面がある。山から木を伐りだす人びとや鋸や鉋、鑿《のみ》を手にひたすら働く工人たちの着衣を見ると、藍、濃紺、黒、赤茶といった色彩がやたらと目立つ。なかには緑、黄土色といったものもある。着衣の文様もおそらく、型染か絞りであらわされている。このような色が多いのはしごく当然のことで、植物染料のなかで茜、紫、紅花といった華やかな色彩をあらわせるのは、絹や羊毛のような動物繊維で、蛋白質の多いものにはよく染まるが、麻とか藤などの植物繊維にはよく染まりつかないのである。当時の庶民は、絹を着ることはほとんど許されていなかったといってよく、工人として働く人びとの、しかも労働着としては、麻が大半で、それによく染まる藍、あるいは茶の染色しかなかったのは理にかなったことである。

石山寺には宇多法皇がしばしば臨幸していたようで、この絵巻の第一巻のなかほどにはその様子も描かれている。牛車に乗った天皇とそのあとにつづく公卿たちの一団の衣裳を見ると、紅、黄、澄んだ藍、緑など、まことにきらびやかな色が、まばゆいまでに輝いている。高貴な人びとが華麗な色に染めた絹をまとい、その一方で、庶民は地味な藍か生成りの薄茶色を着ているという好対照をこの絵巻のなかに見ることができるのである。

一遍・西行の僧衣

また、鎌倉時代の終わり、一二九九年に制作されたとされている「一遍上人絵伝」を見てみよう。一遍が信濃国佐久郡のあたりに、請じられて行ったときのことである。時は弘安二年(一二七九)の冬とある。その僧一行の出で立ちは墨染の衣であるが、これは麻であろう。下着には白が見えるが、これも麻と考えてよい。信州の冬の寒さに耐えられないからであろうか、墨衣の上には稲藁のアンギン、つまり編衣を着ている。前に記した古代の編衣がそこにも生きているのである(一五頁参照)。

『梁塵秘抄』のなかには、つぎのような歌もある。

聖の好む物、木の節鹿角鹿《わさづのしか》の皮、蓑笠錫杖木欒子《もくれんじ》、火打笥《ひうちけ》岩屋の苔の衣

鹿の皮は、寒さをしのぐものであろうと思われる。「皮聖《かわひじり》」といわれる阿弥陀聖という人もいたというから、当時の僧侶や出家をした人びとは、衣食とも精進を旨としていたようだが、寒さをしのぐには、やはり獣の皮でも用いないと身がもたなかったのかもしれない。

放浪の歌人西行の生涯を綴る「西行物語絵巻」は鎌倉時代につくられている。西行は、周知のように鳥羽院に仕えて近衛尉《このえのじょう》となった北面の武士であったが、出家して諸国遍歴の旅に出る。この絵巻の一場面に、桜の吉野山にたどりつき、清流の音が響きわたるなかを歩く西行の姿が描写されていて、その詞書には、

行《ぎょう》をせんとおもひて、はじめていでたつこそあはれなれ。昔はいささかのありきも牛馬を心にまかせて、数百人の郎従前後にしたがひしたがひしぞかし。いまはあさの衣のすみ染に、かき(柿)かみ(紙)きぬのしたぎに、ひがさ(日笠)すすけ、さばかりの具足にて……

とある。かつて西行が北面の武士であったころは、牛馬と数百人の家来を引きつれてきらびやかな衣裳で、心にまかせて旅をしたが、いま、吉野山に来た姿は、墨色の麻衣と柿の渋で染めた紙の衣とを着ているると記しているのである。

紙衣と柿渋

麻や楮の樹皮をくだいて紙に漉きあげる技術は中国で発明された。麻のぼろ布を灰汁《あく》で煮ていたら、繊維がくだけて液にとけるようになり、それを漉いたら一枚の紙となったという有名

な紙祖蔡倫《さいりん》の伝説がある。やがて、樹皮の内皮を煮て、くだく製紙技術が開発された。したがって、糸で織った麻布とか楮布と、それをくだいて漉いた紙とは、いわば兄弟のようなものであるから、紙を衣料とすることは自然なことかもしれない。紙を手で揉んで柔らかくして布のようにして着る。経糸と緯糸とを交叉させて織る布よりも、不織布である紙のほうが風や冷気を通さず身体を温かく包んで、保温性にすぐれている。中国の宋時代の『大平広記』という書物に、唐時代大暦年間に一人の僧侶がいて、いつも紙衣《かみこ》ばかりを着ているので「紙衣禅師」と呼ばれていたという話が載っている。

東大寺二月堂のお水取り（修二会）で、十四日間、二月堂に籠もる僧や練行衆《れんぎょうしゅう》も、黒い麻の衣の下に紙衣を着て、厳しい寒さから身を守っている。紙衣は温かな衣類としてだけでなく、仏教の精進の心にも通じるのである。『今昔物語集』に「比叡山の僧は衣は紙衣と木皮也、絹布類敢て着ず」とある。衣類は紙衣か木皮すなわち麻とか藤布を着るようにして、動物繊維である絹や羊毛は仏教界では避けていた。

紙衣に、柿の渋を塗って、色彩をあらわすとともに、柿渋のもっている防水性などが加われば、とくに旅の僧には格好の衣となったのである。

『平家物語』には「うつくしげなる髪をかたのまはりにはさみおろし、かきの衣、袴に笈《をひ》などこしらへ、聖《ひじり》にいとまこうて修行にいでられけり」（巻第十二「六代被斬」）と書かれていて、聖や修験者が厳しい修行や旅のおりに柿渋染の衣を用いていたことがわかる。また「柿の直垂」（巻第八「妹尾最期」）ともあるのは、紙だけでなく麻などの布類にも塗って茶色に染めるとともに、柿渋の液にどろっとした粘着力のあることを利用して、防水性、防寒性を高め、旅の衣として重宝していたのである。たしかに柿渋を塗っておくと、表面は漆を塗ったような光沢となり、雨や雪をはじき、冷たい風を通さない。江戸時代には道中合羽になっているものもあるから、このころでも、雨などが降れば下に着ている柿紙衣を上着にしていたかもしれない。

柿は中国、朝鮮半島、日本が原産で、縄文時代から自生していたが、中国で六世紀に編纂された農業全書『斉民要術』には、接ぎ木をすることと、実を灰汁に浸けて渋抜きをして、甘くなったものを食べることしか記されていない。日本の『延喜式』にも熟柿、干し柿が記載されていて、甘味な菓子として食用に供することは記されているものの、柿渋の液が、日本でいつからこのような防水防寒と彩色をかねた染料として用いられたのかは詳らかではない。

蓮

日本の型染の発生

さきに、「石山寺縁起絵巻」に描かれた工人のなかに赤茶色などの衣服を着た人が目立つと書いたが、これなども柿渋で染めた衣服と見てよく、おそらく平安時代から鎌倉時代にかけて、柿渋の液を染料に用いるようになったのであろう。

その裏付けに、日本における型染の発生が考えられる。﨟纈《ろうけち》染という、蜜蠟を布に塗って防染し、染料の液に浸けて、塗った部分を白く文様にあらわす文様染は、奈良時代から平安時代の初期までおこなわれていた。しかし、蜜蠟の輸入がとだえたのか、その後、明治時代になるまで再興されることがなかった。それに代わって、おそらく平安時代の中ごろより鎌倉時代にかけて、蠟の代わりに米の糊を用いる防染法が考え出された。糯米《もちごめ》の粉を水で練って、数時間高温で蒸すと、さらに粘りが出てくる。これを布帛《ふはく》に摺り込んで、乾燥させると、そこは防染されて染料が浸透しない。この技法にもとづいて、筒に糊を入れて白地に文様を描くものを筒《つつ》描《がき》、文様を彫った型紙の上から糊を置くものを型染といい、文様の大きさによって、小紋染、中型染に分けられる。

江戸時代の中期からいっそうさかんとなった筒描や型染の技法が、そのままその創生期である十世紀前後の技法にすべてあてはまるとは思えないが、絵巻物を通観するうちに、それらの技法が定着していることが確信できる。たとえば、「伴大納言絵巻」のなかで、朱雀門からふりかかる火の粉や黒煙を避けるように逃げまどう群衆のなかで、水干姿で髪を後ろにたばねて小刀をさした男の上着は、巴紋の藍染の麻着のように見え、これは明らかに型染の衣裳と考えられる。同様のものは、この絵巻の他の場面にも、「石山寺縁起絵巻」にも散見できる。四天王寺に所蔵される「扇面法華経冊子」のなかに「干物図」があって、下層の女が洗濯物を干しているほほえましい情景が描かれている。干物は絞りの藍染と見え、また、その女が着ているものは、木の枝を丸文にあらわした型藍染と見える。このような絵画資料から見て、型紙による染色はおそくとも十二世紀には完成していたと断言していい。さらに、奈良春日大社には、鎌倉時代のもので、戦いのさい腕を防護する籠手《こて》が伝えられるが、その腕を包む布は、藤文様を型紙で糊を置き、藍染した麻地であり、これが現存するもっとも古い型染の遺品である。

型紙の技術

型染の技法のなかで、もっとも大切なものは型紙の製造である。

型染用の紙は、美濃紙のように薄くて丈夫な紙を漉きあげて、一、二年枯らしたものを、漉くときにできる紙の縦目と横目を交互にして、何枚かを張り合わせてつくるが、そのときの接着剤として柿渋の液が用いられるのである。柿渋は、渋柿の実を、八月から九月上旬にかけてのまだ青いときに採り、それを砕いて搾った汁を水で少しうすめて桶に保存しておくのである。二、三年たつと、それは発酵重合して茶色くなり、柿渋液として市販されている。柿渋で張り合わされた紙は、日光に当ててよく乾燥させたあと、燻煙にかけるとより丈夫な紙となる。そこに小刀で文様を彫るのである。その型紙を布の上に置いて、米糊をヘラで塗っていくと、文様の部分に糊が付き、それが乾燥すると、そこには染料に浸けても色素が入らないでくっきりと文様が白揚げされる。

このように見てくると、型染は、日本における製紙技術の高さと、柿渋の利用、そして文様を繊細に彫る日本人の手先の器用さ、さらには米糊という防染剤の発明、そして糊置きの技術の丁寧さなどがあいまって完成した、まさに日本的な技術といえよう。

中世からの藍染

藍の製法については平安時代の藍染のところで詳述したが、日本ではやがて、平安時代の沈殿法とはちがった、蒅《すくも》法という現在も徳島県や滋賀県の野洲《やす》の森家などでおこなわれている技法へと移行していった。

中世に入ると、地方の産業がより盛んになって、紺屋が各地にでき、座によって藍染の素材を専門的につくり、販売するようになった。要するに染める側と、その素材をつくって売る業者との分業が成り立ったのである。泥状の沈殿藍が入った甕を運ぶよりも、藍の葉の腐葉土を乾燥させて、叺《かます》にでも入れて染屋へ運ぶほうが効率がよかったのも蒅法が発達した要因であろう。

いつごろ蒅法への移行がおこなわれたのかは判断がむつかしいが、京都の藍の生産地であった鴨川の下流、九条あたりには、寝《ね》藍座《あいざ》というのがあった。干した藍を寝かせておくという意味で、まさしく蒅つくりをしていると考えられる。そこの人たちは、収穫した葉藍を近くにある東寺の大伽藍の境内に干していた。あまりに遠慮会釈もなく広げるものだから、寺は彼らを境内から追い出したという話が、東寺の「年貢算用帳」（永享三年〈一四三一〉）に記されている。

蒅（撮影：小林庸浩）

染屋が多くあったところを「紺屋町」と称したり、京都北山の長坂口には「紺灰座」という、藍を建てるための灰をつくって売る職種があったことが知られるのもこのころである。

「七十一番職人歌合」（原本は十四世紀）には、女性の染師が地面から四分の一ほど露出している藍甕に布を浸けて染色している様子が描かれていて、「こうかき（紺搔）」と記されている。ここで注目されるのは、土のなかに甕を埋め込んであることである。

平安時代のところでも書いたように、そもそも藍を建てるためには発酵させる必要があるので、ある程度の保温が必要である。私の経験からいうと、摂氏十八度から四十度までがよい。四十度を超えると藍は還元発酵がうまくいかないから、土中に藍甕があることは、暑さをさける意味もある。だが、中世になって旧暦六月から十月までの間しか染められなかった藍を、保温あるいは加温の装置で年中染められるように工夫したということのほうがより重要であろう。土のなかにいくつもの甕を埋め、その回りに炭火あるいはおがくずなどを入れて、つねに温度をあげておき、冬でも染められるようにしたのである。そのはじまりについても諸説がある。埼玉県川越市喜多院に収蔵されている「職人尽絵」(本章扉参照)は、十七世紀初頭の絵ではあるが、原本はそれより古いといわれていて、近世初頭の職人の姿を伝えている。このなかで染屋の図には甕が埋められているのがはっきりと描写され、これで保温加温が可能であると見られる。しかし、ここに描かれているのは保温だけであって、加温設備のほうは江戸時代のなかごろになってようやく整い、はじめて年中染められるようになった、という説もある。

だが、私からみれば、二十五〜三十度ほどが藍染にはもっともいい状況である。保温設備が整えば、年中藍染ができるわけで、中世の終わりから近世の初頭には藍は年中染められていたと考えてよい。

棉花

「唐のもの」へのあこがれ

鎌倉時代、栄西《ようさい》によって日本へ禅宗が伝えられ、それがゆっくりした速度ではあったが、武士から庶民に至るまで広く深く浸透していったことは、その後の日本文化を考えるうえで見のがしてはならないことである。

禅宗渡来の背景には平氏による宋とのさかんな通交や貿易がある。日本からは金、水銀、刀剣、漆器、扇などが輸出され、中国大陸からは、貨幣経済の促進剤となった宋銭をはじめとして、青磁、染付などの陶磁器、絵画、香料、金襴緞子《きんらんどんす》、薬品などがもたらされた。そして、物産の輸出入にとどまらず、禅という新しい仏教と、書院造りと称される新しい建築様式にまで及んで、文化の様相が王朝期とはちがった新しい文化が日本に誕生したのである。

このような中世から近世初頭における禅宗の影響による文化の形成においては、とかく「わび、さび」という言葉が多用される。たしかに、寝殿造りに池泉式庭園という建築様式から、書院造りと枯山水の庭、多彩な絵具を使った大和《やまと》絵から、墨だけで五彩を表現する水墨画の流行、幽玄をあらわす能楽、茶道の広がりなどを考えると、色彩観として渋い色が広まっていくという印象はいなめない。さらに、西行、鴨長明、吉田兼好といった、いわば世俗をはなれた人びとの生活に風雅を感じ、その心境をあらわす詩歌や文章に枯淡の境地を感じとる人は多いだろう。

ただ、私のような植物染の染色をもっぱらとして、日本が長く育んできた伝統色を採り、それを仕事の範とする者にとっては、中世から近世への日本の美意識があまりにも「わび、さび」に片寄って強調されすぎているように思えてならないのである。

中国、唐の文化をさかんに導入していた奈良時代を経て、平安時代になると国風化の波をうけて、日本の自然風土に見あった「和様の文化」が確立されてはいたが、宋との交易も一時期ほどではないが継続しており、中国の物産へのあこがれは根強くあった。青磁の壺や金襴などは、宋代における中国の発明であるが、いちはやく、『源氏物語』「末摘花」の帖に「御台、ひそくやうの、唐土の物なれど」(秘色《ひそく》とは中国からやってきた青磁のこと)と見えるし、「梅枝《うめがえ》」の帖で、光源氏が娘の明石の姫君の裳着《もぎ》、つまり成人式のおりに、緋《ひ》金錦《ごんき》すなわち金襴の織物を調達している場面が見える。これらは、平安時代中期の貴族たちの美意識でもあったのであろう。「唐の物ども、わたさせ給ひて」と中国の渡来の品を並べていて、唐物への指向が強いことがうかがい知れる。

禅宗が渡来して以降、中国の高僧が日本へ渡来することも多くなり、日本からも留学僧が中国大陸を往復することも頻繁になり、加えて、航海術の発達によって、それまで以上に、貿易船によって運ばれる文物の量も多くなっていった。そのなかに金襴緞子という中国の新しい鮮やかな絹織物もあった。中国の古代の染織技術は、経錦《たてにしき》、綴《つづれ》、刺繡など、高級なものは数々あったが、金だけは、刺繡や絹紐などに一部分使われていただけである。ところが宋の時代になって、金襴あるいは印金《いんきん》という技術が開発された。金襴というのは、薄く均等に漉きあげた紙の上に金箔をはりあわせ、細くきって金の糸をつくり、それを茜や蘇芳の赤地や、紫や藍などの絹織物のなかに織り込むというものである。また、印金は、絹の布帛の上に糊を置いて、その上に金箔を置いて文様をあらわすもので、これも金襴と同じように、まばゆいばかりの光を放つものである。

このようなものが日本へもたらされたころ、すなわち鎌倉時代から室町時代へ移るいわゆる南北朝の動乱期に、「バサラ」という、華美な服装で飾りたてた風体をすることが流行した。『太平記』の巻二十七には、貞和五年（一三四九）、田楽が京都四条河原で催されたが、その楽屋の天蓋の幕に、金襴が用いられていたということが記されている。また、同じ巻三十三には、バサラ大名とうたわれた佐々木道誉《どうよ》らが集まって、茶寄合をしたおりに、緞子金襴を裁って、みずからの衣裳としたとあるから、その場には黄金の光が交錯していたことであろう。

一方、世俗から離れて厳しい禅を実践する禅宗の寺院においても、このような金襴印金の類いはかなり多く用いられたことがわかる。それは禅僧の法衣袈裟においてである。大徳寺を開山した大灯国師、宗峰妙超の画像が伝えられているが、それを見ると、香色に印金をほどこしたものを着て、左肩からは、茜か紅花で染めた糸を地に金糸によって牡丹文様を鮮やかに浮かびあがらせた袈裟をかけていて、その色彩の鮮やかさに眼をみはるのである。

玉澗《ぎょくかん》、牧谿《もっけい》など中国禅林の画僧が描いた水墨画も同じように日本へ将来され、禅宗の寺院の書院造りの内部や、茶の湯の場で公開されたわけであるが、このような、墨に五彩ありといわれる墨画を表装するにあたっては、むしろ華やかな金襴が多く用いられたということも知っておかなければならないのである。

歳月をへた「わび、さび」の色

鎌倉から室町時代にかけて、禅宗とくに臨済禅が武家の社会に定着し、「禅」文化が形成されていったわけではあるが、それによって「わび、さび」ということさら清淡なものだけが浸透して、のちのちまでも日本の文化の基礎となっていったという事実はないと、私は考えている。

北山に室町三代将軍義満が建立した金閣寺。それは従来の貴族社会の建築であった寝殿造りと、禅宗風な書院造りを融合したものであったが、そこにはまばゆいばかりの金箔が張られていた。その後八代将軍義政が建てた銀閣寺は枯山水の庭園で、金閣寺よりは禅の精神性を尊び幽玄かつ侘びたたたずまいをあらわそうとしていたことは確かである。しかしながら、そこに飾られた「東山御物」はすべて、中国からの輸入品、つまり唐物《からもの》であった。

茶道もまた、禅宗の精神をうけついだものではあったが、さきに書いたバサラの佐々木道誉などの集いは茶寄合というもので、闘茶《とうちゃ》という飲茶勝負がおこなわれて、派手なものであった。やがて村田珠光がでて、茶室において静けさを求めることを主眼に「侘び茶」を創出した。だがこれも、義政の銀閣寺と同じく、そこに飾られ、使われた道具類は唐物が中心であった。「わび」とか「さび」は、多分に人間の精神性を説いたものであって、その茶会における建築や道具類には含まれなかったと思われる。

このような茶道の場で使われた道具類は、今日にかなりの数がのこされていて眼にする機会が多い。また、水墨画の四辺を飾る、赤地や紫地、紺地の金襴は、長い時間を経過して退色したものが多く、いまでは本体の水墨画や書の墨の色と溶けあうような枯れた色彩になっているものが多い。これは茶碗、茶入、棗《なつめ》などを包んでいる仕覆《しふく》の類いも同様で、私たちは四、五百年という時間経過があって、いまその色を見ているのである。そうした経年の変化によって、薄く、あるいは落ちついた色になっていったものを見て、それを「わび、さび」と表現していいのかどうか、私は疑問に思っている。

ただ、千利休の時代になると、意識して色をおさえるという「わび、さび」の色彩観をもつようになった、とはいえるのだが。

絞染の発達

平安時代から中世を経て桃山時代に至るまでの、日本人の衣裳とそこにあらわされた色と文様を見ていくと、そこには、さきに書いた型染と並んで、絞染《しぼりぞめ》の技法の変遷がもうひとつ重要な位置を占めていることがわかる。

これまでも述べてきたように、自然の植物から色素を汲み出して、布や糸に色をつけるには、植物の実や樹皮などの素材を、ほとんどの和漢薬を煎じるのと同じように、ぐつぐつと煮出して、その染料をたっぷりとした湯のなかに入れて、そこで、糸や布を繰るようにして染色するのである。したがって、布に文様をあらわすということは、防染する、つまり染料の液が浸透しない場所と、よく染まりつくところを分けることである。

正倉院の項で説明した、板で挟む夾纈《きょうけち》、糸で締める纐纈《こうけち》(絞り)、そして蠟の油性分を利用して水をはじく﨟纈の、いわゆる三纈という絞染の技法がある。だが、平安時代に入ると、まず、多色の夾纈染は、その技法があまりにも困難で成功する確率がきわめて低いために、だんだんとおこなわれなくなっていった。単色のものだけが、さきにも述べた八幡黒と称する菖蒲革の染色や紅板締などにのこっただけである。

纐纈は蜜蠟が輸入されなくなってすたれ、それに代わる米糊が発明されて、型染や筒描の技法になったことはすでに述べた。ただ、米糊は藍染などの浸染、茶色の引染には防染の効果があるが、紅花、茜、紫などの染料に対しては、長時間かけて染色するせいもあって、糊が防染する力を失ってしまう。したがって、庶民の衣料である麻布などの藍染などにその用途は限られてくる。

纐纈すなわち絞染は糸で強く括ることにより、どの染料にも防染力をもつところから、長くつづけられてきた。そして時代を経るにつれて、より高度な技法が考案され、発達していったのである。とりわけ、中世から近世にかけての武士の装束において、それを顕著に見ることができる。

庶民の上着、貴族の下着

「伴大納言絵巻」のなかに絞染を着ている庶民の姿がある。火災がおきて、火の勢いを見て逃げまどう人びとのなかで、朱雀門の朱塗りの柱をまさにくぐろうとする、手をつないだ二人の男女のうち、女性は、四角い目結《めゆ》い絞りをほどこし、さらに全体に暈《ぼか》しを入れた藍染の帷子《かたびら》のようなものを着ている(カラー口絵参照)。小さな文様の絞りだけでなく、大きく絞り分けて、地の色に変化をつける技法を併用している点が注目されるのである。四角い文様を全面にあらわした庶民の衣服は、藍の絞染で、単純なものが多い。

ところが、四天王寺の「扇面法華経冊子」のなかの「泉殿に涼む女房たち」の図を見ると、上着を脱いで下着姿の、肌もあらわに見える女性は、藍と赤の絞染のものを着ている。同じく「垣間見」の図では、御簾のなかにいる女性の姿を、小柴垣からのぞく貴公子が描かれているが、これも直垂の下に、絞染の重ね着をしている。こうした絵画を見ていると、平安時代の後期あたりでは、庶民は麻の絞染の衣服を普段も上着として頻繁に着ている。一方、貴族たちは、男女を問わず、何枚か重ね着をするが、絞りの衣裳は下着として着ており、女性のなかには、赤の絞染の衣裳を着ている者もいるが、その素材は、色が鮮やかに染まりつく絹であるということがわかるのである。

やがて、このような絞染が表着になって華やかな衣裳となる時代がやってくることになる。

第五章　辻が花小袖と戦国武将

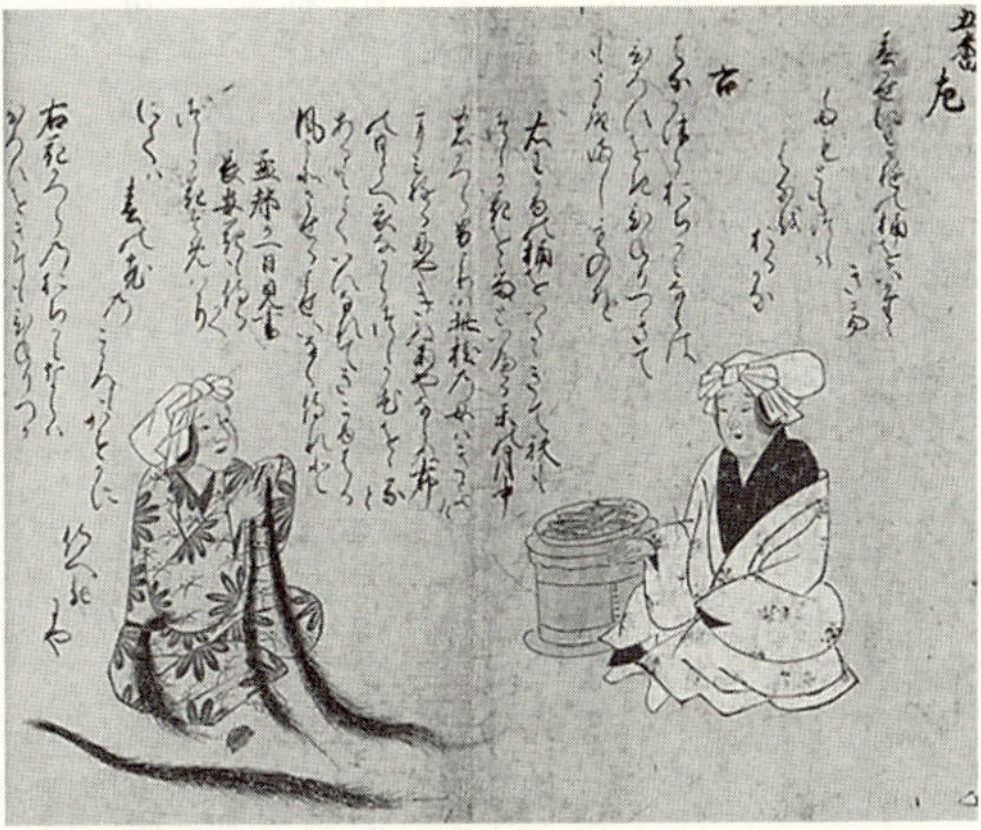

桂女．「三十二番職人歌合」（サントリー美術館蔵）より

桂女の装束

京都の郊外、桂の里は西山を背に、桂川が深い山間を縫ってようやく平地に出てゆるやかになる平坦地にあって、鮎などの川魚が名産であった。平安時代、宮中の直属となって、鵜飼いで捕獲した川魚を朝廷に献上していた桂の里には、検非違使さえ、その力はおよばないという特権があたえられていた。しかし、朝廷の力が弱まり、武家の政権へと移った鎌倉時代になると、桂の女性たちは自らの生活を維持するために、それまでは宮中に納めるだけの産物であった鮎をはじめとする川魚などを都の街なかへ売り歩くことになった。街なかといっても、禁裏や幕府の周辺や富裕な町方の住む町通りの、賑わいのあるところであり、華やかな装いの桂女《かつらめ》が歩く姿は、人びとの眼を引いたのである。応永年間（一三九四〜一四二八）に編まれた「三十二番職人歌合」に、その桂女の姿が描かれて、詞書がそえられている。

左　　（桂の女）

春かぜにわかゆの桶をいただきて
　たもともつしかはなををるかな……

左わかゆの桶をいたゝきて　袂もつしか花をるといへる　かの月中のかつら男よりは此
桂の女はきよけにみゆるにや　きぬあやならぬ布のひとへ衣なからつしか花をゝるとある
もよくいひなれてきこゆ　はる風こそさせるよせいなく侍れと……（傍点筆者）

これが「辻が花」という草花模様の衣裳のもっとも古い出典であって、辻が花染を論じる場合は必ず引用される文献である。「辻が花」とは、鮮やかな小花模様を絞染で染めつけた小袖をいう。「三十二番職人歌合」を詳しく見てみると、鮎の入った桶を横に置いて座っている桂女の姿は、下の衣裳は真っ赤な地に黄、茶色の横段の縞が入っていて、少しずらして着ている上着は白地に赤で花びらが点々と飛んだような文様に見える。この上着は小袖《こそで》のように見えるが、やや袖の長いものをわざと折り返して着ているようにも思え、これが詞書にあるように「辻が花を折る」であるかとも思えるのである。

こうした絵巻を、私から見れば、下に着ているものは絹を紅花か茜、あるいは蘇芳で染めたもの、上着には詞書にあるように、綾ではなく、生絹《すずし》の平絹か、麻帷子《かたびら》を、絞染によって白地に赤色の花を散らすように染めているようにも見える。

庶民と思われる人びとは、この時代の絵巻物、たとえば「春日権現験記絵」などを見ても、男女とも藍染の麻を一枚着ている姿が多くて、しかも文様は型染か絞りの、それも桜の花とか、松の枝を具象的にあらわした文様ではなく、大胆な幾何学文様が多い。だが、桂女はかつて朝廷からの特別な庇護を受けていた集団で、記録によると女系で相続していたようであるから、庶民とは一線を画した装束を着用していても不思議ではなかったと思う。桂女のこの衣裳が京の街のなかでひときわ目立つものであったことは、そのころ流行った「風流」からも見てとれる。

風流の流行

京都において室町時代から流行した「風流」というのは、雅やかで美しい衣服を着て、踊ったり、また、笠や車や祇園祭の山のようなものを飾り立てて行進する、ということである。

この風流は盂蘭盆会《うらぼんえ》のときに死の世界から戻ってくる霊を、念仏をとなえながら華美な舞でなぐさめようとした踊りであった。それが、たいそう流行した。祇園祭の終わったあとの旧暦の七月には、人びとが派手な衣裳を着て笠をかぶって踊る風流踊が、京の町なかや鄙びた村里でおこなわれていたのである。

『庭訓往来《ていきんおうらい》』に、つぎのようなことが見える。

抑《そもそも》、来廿日比《ごろ》、勝負の経営の事候、風流の為に入る可きの物、一に非ず、紅葉重、楊裏《やなぎうら》の薄紅梅、色々の筋、小隔子《がうし》の織物、単衣、濃紅の袴、美精好の裳、唐綾、狂文の唐衣、朽葉、地紫の羅、袙《あこめ》、練貫、浮文の綾、摺絵書、目結《めゆひ》、巻染、村紺《むらごう》、掻《かき》浅黄の小袖、同じき懸帯《かけをび》、

思いもかけず同僚たちと風流の出で立ちの勝負に参加することになったので、つぎのようなものを借りたいと記しているのである。それも一つや二つではなくかなり派手なものを借りたい。貴族風の襲《かさね》の衣裳や小袖の数々、最後のほうには「目結、巻染」というように、あたかも辻が花染の萌芽とも見える染物や、「村紺、掻浅黄」つまり肩と裾に絞染で紺色の文様をあらわしたもの、というように、いずれも絞染ふうの衣裳も含まれている。

こうした風流は、ときには茶会の余興にもおこなわれていた。『看聞御記《かんもんぎよき》』には、伏見宮貞成親王が主催して茶会が催されたおり、余興で風流が披露されたのであろう、小川百善、善国という御所の侍二人が、桂女の仮装をして衆人の喝采をあびたということが書いてある。また同じ書物には、永享九年（一四三七）のころには三条町の町衆が風流を催して、三代将軍足利義満がつくった花の御所に参上したときも、「桂女風情」を模したという記事があり、まさに、京都においては桂女の衣裳はかなりの流行を見ていて人気があり、町人の眼に強烈な印象をあたえたものといえる。

風流の流行は、京都の街が応仁・文明の乱という長い戦乱に巻き込まれたあとの復興後もつづいた。

小袖屋の出現

衣のかたちから見ると、庶民はいまでいう作務衣《さむえ》のような水干、あるいは直垂《ひたたれ》の簡単なものだけを身につけている。貴族たちは何枚もの襲をしてきたが、それに代わって政治を司る武士たちも、もとはといえば、庶民に近いものであり、身軽な衣裳を着るようになっていった。それは、あたかも上衣を何枚か脱ぎすてていくようなことで、重ね着の下はおのずから、袖丈の短い小袖形式になっていて、これが現在につながるきものの原型となっていったのである。

武士とともに、一般の人びとにも小袖の衣裳が広まるにつれ、布を染めたり織ったりして仕立てて販売する「小袖屋」というものが出現する。今日の呉服製造業のはじまりである。彼らは協同組合のような座を結成し、十四世紀の中ごろには、祇園八坂神社の南で安居神人《やすいじにん》と称していた人たちによって小袖座が構成されていたといわれ、その後、これは錦小路通室町に移ったと記されている。いまも呉服商が軒を連ねる室町通に座が移ったのである。

世の服装への関心が庶民も含めてしだいに広がりを見せてゆき、商品の流通がさかんになっていった。豪商となった小袖屋某が、応永二十年(一四一三)に京都の妙願寺の再建費用を出したり、また、のちに明智光秀の焼き討ちで焼失する本能寺の建立に際しては、小袖屋宗句という人が出費したという記録ものこされているほどである。このほか北野神社にも、南都奈良にも、また、日明貿易の港として栄えた博多にも小袖の座が結成されていたようで、この商いも熾烈をきわめていたのかもしれない。

このような小袖屋たちが、都人にどのような意匠の衣裳が好まれるかを考えるのは当然のことで、それを見極めるには、まさに風流という、さまざまな工夫をこらした衣裳が一堂に会する場が最適であった。人びとの眼を引きつけるもっとも新しい文様を、あるいはそれを生み出す技を開発するにはうってつけの舞台であった。なかでもさきに記した伏見殿における宮廷武士や、三条の町人の例のような、風流の化粧行列での、都人さえ真似をしたくなる「桂女の美麗な小袖」すなわち「辻が花」染の衣裳が眼に焼きついたのではないだろうか。

辻が花の絞染

親鸞の曾孫にあたる三世覚如《かくにょ》の伝記を描いた「慕《ぼ》帰《き》絵詞《えことば》」という絵巻物が西本願寺に伝えられている。十四世紀の中ごろに描かれて本来十巻であったが、巻一と巻七が紛失し、その欠けた部分を文明十四年（一四八二）に飛鳥井《あすかい》雅康が詞書を書き、藤原久信に絵を担当させて補ったものである。その補巻された一場面に、覚如が天台宗の学僧宗澄《そうちょう》に教えを受ける描写がある。

絞染の衣裳の少年．『慕帰絵詞』(部分，西本願寺蔵)

そこには、稚児が二人いて、その一人は縁側に腰をかけて話に聞き入っている様子だが、その衣裳は、上着は黄地に肩と裾の部分に藍色に染められた小さな花文様が、絞染であらわされているように見える。その中間には、黄地に緑色の丸文か花文が散らされていて、これはあらかじめ黄地に染めた上に絞りをほどこし、絞っていないところを浸染《つけぞめ》にしたのであろう。

十六世紀のものとされる辻が花染と、まさにほぼ同系の染色法と見てとれる。また庭で戯れているもう一人の稚児も赤系の絞染の衣裳を着ているように見える。この当時は当然のことながら天然の染料で染められているわけであるから、この絵巻に見られる稚児の上着の文様の染色法は、すべて浸染でなされなければならないわけである。

絞染はもっとも簡単な技法からいえば、糸でくくって染料に浸せば、しばった部分は白くあがり、地は染まるというのが通常である。しかしそれとは逆に、あらかじめ地色を染めたあと、文様の部分を糸で縫い絞り、そこを強調するように染色するという、縫い締め絞りという困難な技がほどこされている場合もある。実はこれはさきの「三十二番職人歌合」に描かれていた桂女の衣裳も同様で、地が白で花の文様が赤く染まりついている。

埼玉県川越市の喜多院に伝えられている「職人尽絵屏風」にも「纐纈師」の図があり、六人の絞り職人が縁側で働いている様子が描かれ、その奥には仕立てられたものが衣桁《いこう》にかけられている。そのなかには辻が花染の仕事と思われるものもある。縁側には糸でぐるぐると巻かれた二本の絞染の布が放ってあるが、それはまさに縫い締め絞りを施したもので、その一部を染液の中へ浸けて色をあらわす技法で、さきの「慕帰絵詞」の稚児が着ている、地より濃い色で文様をあらわすものと同じ技法なのである。

辻が花ふうの絞染は、室町時代から桃山時代にかけて京の街でかなり流行を見ていたと考えてもよい。そして、このような華麗な京の風俗を、美濃、尾張、三河という地方で力を蓄えて上洛してくる武将たちがつぶさに見聞する時期がやってくるのである。

信長が京で見たもの

応仁元年（一四六七）、諸国の大名を二分して、京の街を主戦場としてはじまった大乱は十一年間にわたった。この争いによって、室町幕府そのものが実質的に権力を失い、それぞれの地方に根城を築いた実力者が、機をみては上洛して幕府に取って代わるときをうかがうことになる。東より北条氏康、今川義元、織田信長、越後より上杉謙信、甲斐の武田信玄というように、いわゆる戦国大名による下剋上、群雄割拠の時代のはじまりであった。

尾張の織田信長は上洛するまでその出で立ちにはおよそ無頓着で野卑であったようにいわれている。信長は斎藤道三の娘、濃姫を妻としたが、その岳父との初めての出会いのときの服装が『信長公記《しんちょうこうき》』に記されている。

髪は茶筅《ちゃせん》のようで、湯の帷子《かたびら》、つまり麻の単《ひとえ》の袖はわざとはずして着て、刀を二本差し、腰の周りには虎や豹の革が重なって袴の代わりをしている。このような、周りにいる人が驚きの声を上げるような姿から、寺に入るとすぐさま屛風を立てて髪をゆるめ、いつ誰に染めさせたのか「かちん」つまり黒系の長袴の正装に素早く着替えた、とある。

信長は普段でもこうした一般の庶民が着る湯帷子を着ていたようで、狩りに出かけるときは男根の絵を背面に描いたものを着て、腰は荒縄でくくり、そこに袋をいくつもぶらさげていたとも記されている。しかし、さきの岳父に面会するときや、父の葬儀のおりなどは、肩衣《かたぎぬ》袴を着けて礼を正すということも十分に知っていた。

永禄三年(一五六〇)桶狭間の戦いで今川義元に勝利をおさめたあと、三河にいる徳川家康と結び、越後の上杉謙信が挙兵しないとみるや、永禄十一年(一五六八)、信長は上洛する。

そして、京都の街に入って信長の見たものは、応仁・文明の乱から復興しつつあった華やかな街の姿と、もうひとつ、キリスト教といういままでに体験したことのない南蛮の文化が到来していることであった。街には南蛮寺が建てられ、赤いマントを着用した外国人が歩いていた。翌年には宣教師ルイス・フロイスと会見してその布教を許すことになる。

信長はこうした堺から京都へとつぎつぎと運ばれてくる異国の物産、とくに戦略的には鉄砲、そして茶道具類、さらには衣裳や調度品に目を向けた。ルイス・フロイスの記録によれば、接見した信長の部屋には、

ヨーロッパ製の衣服、緋色のマント、頭巾、羽飾りのついたビロウド帽、聖母マリアの金のメダイ、コルドヴァ産の革製品、時計、豪華な毛皮のマント、華麗な切子ガラス、緞子《どんす》、絹、シナの羊皮、猟虎《らっこ》の着物等々。(「耶蘇会日本通信」)

などがあったという。

明国からもたらされた織物

同じ年、信長は尾張の清州(いまの愛知県西春日井郡にあたる)に住む伊藤忽十郎という人物に、印判もあたえて唐人方という輸入呉服を扱う職と国産の呉服を扱う商人司に任命している。

信長の京都や堺での動きを見ていくと、信長の入洛後の服装にたいする見方に大きな変化の兆

しを感じるのである。

明国よりもたらされる金襴《きんらん》、緞子、繻子《しゅす》、錦など美しい織物や、南蛮船が積んでくる羅紗《らしゃ》、ビロード、更紗《さらさ》の類いが堺や博多を通してもち込まれる。こうしたものが、京都の染織職人を刺激しないわけはなかった。

新町の今出川を上がった新在家町では、応仁・文明の乱のあと地方に分散して逃れていて京都に戻ってきた職人集団が、白雲村と称して住まい、白絹、練絹を織っていた。とくに練絹というのは経糸は生糸を、緯糸すなわち貫の糸には練ったものを用いて織りあげた白生地で、これは辻が花にも用いられたすぐれた白地であったから、おそらく辻が花染を得意とする高級な技をもった絞染屋へ運ばれたのであろう。

また、白雲村に相対するように、少し西の大宮今出川あたり、山名宗全が応仁・文明の乱ので西軍の陣を構えた所には、かつての大舎人《おおどねり》の集団が復帰していた。彼らは白雲村が白生地を主なるものとしているために、綾織物や厚板《あついた》、唐織《からおり》といったものをもっぱらとするように取り決められていた。彼らは堺に入ってきた金襴、緞子、ビロード、唐織などの新しい技術を学んでこの地で花を咲かせ、今日の西陣織の基礎を築いたのである。

都も勢いを取り戻し、海外からの刺激もあって豊かに調達されるようになった染織品の数々は、信長の関所を廃し、それまでの座の特権をゆるめる楽市楽座を設けたりする自由な経済活動政策によって、全国へ広く流通していったのである。さらに権力を盾に政治的中心となってきた将軍・武将たちとの間で取り交わされる御拝領、すなわち贈答品にしてもおびただしい数のものが配られた。たとえば天正三年（一五七五）十月には奥州伊達家より名馬が二頭、鶴を捕る鷹などが献上された。これにたいして信長は、虎皮、豹皮五枚、緞子十巻、志々羅《しじら》二十端《たん》を返礼として贈っている。緞子とは絹織物のことで、おそらく中国からの輸入品であろう。

本能寺の変の年（天正十年〈一五八二〉）の正月十五日、「御爆竹」のときの信長の装束は、

> 京染の御小袖、御頭巾、御笠、少し上へ長く四角なり。御腰簑、白熊。御はきそえ、御むかばき赤地きんらん、うらは紅桜。（『信長公記』）

であった。京染とは辻が花を彷彿させるし、腰には白熊の毛皮、袴は赤地で金糸の入った金襴、その裏地は紅花の桜のような色という華やかな出で立ちである。かつて美濃尾張で藤吉郎を連れて鷹狩りに出かけた、湯帷子一枚とはまったくの変わりようである。

杜若

秀吉の登場

信長の死後、天下人となった豊臣秀吉もまた、もとは尾張の百姓の倅であり、藁で髪を結わえ、麻布一枚を腰縄でしばって山野を駈けていたのであるが、権力の座に近づくにしたがって、異常なまでに美しい衣裳を欲するようになった。

秀吉は鳥取城を攻め落とした天正九年(一五八一)の暮れ、安土城にいる信長に歳暮を届けたが、そのなかに御小袖百、なめし皮二百枚など、衣類に関するものもおびただしい数にのぼっている。さらに、秀吉が権力の座についてからの豪華絢爛たるものへの欲望は信長以上で、常軌を逸するほどであった。しかも、「小袖脱ぎ」といわれるように、親愛を示すためにみずからの衣裳をあたえることもしばしばであった。

秀吉はのちにキリスト教の信仰を禁じ、切支丹の追放を命ずるが、はるか遠い異国からやって来る物産には異様な執着をみせた。京都東山山麓の下河原にある秀吉ゆかりの高台寺には、秀吉が着用していたといわれるペルシャ絨毯を切って仕立てた陣羽織が伝えられている。ペルシャのサファビー朝(一五〇一～一七三六)の絹の絨毯で、鳥獣文様があらわされている。世界広しといえども、絨毯を切って服にした男は秀吉ただ一人であろう。

大坂城を訪れた南蛮人宣教師が秀吉に部屋に招き入れられ、そのとき眼に映ったのは、ヨーロッパ製の紅色マントが十着も二十着もロープにかけられているという驚くべき光景だったという話がのこされている（フロイス「イエズス会日本年報」）。事実、秀吉自身もこのような海外の珍しい赤地のビロードや絨毯を身にまとい、さらには国内で染められたとてつもなく手間のかかる華やかな辻が花染の小袖や、紅や緑に染められた糸で、まるで花園にいるかのように生地一面に刺繡をさせ、さらには金箔までも置いた豪華な縫箔の羽織を着用していたのである。それは現在、国立歴史民俗博物館に収蔵されている「醍醐花見図屛風」の秀吉の姿にも見ることができる。慶長三年（一五九八）、秀吉は桜花が見事な京都伏見の醍醐寺で花見の宴をおこなうことを思い立った。山の回りには趣向をこらした茶室を設けて、女たちには、目結いの絞り、鹿の子絞り、金銀の箔を配した小袖や帯をつくらせて、仮装行列をおこなったという。秀吉自身はその屛風から見ると、牡丹の花を大胆にあしらった胴服を着けている。そしてこれらは家臣や功労のあった者に惜しみなく分けあたえているのである。

紫を好む武将

秀吉が政権を担った時代、日本各地で金山銀山の採掘がさかんになってきて、このような金を背景に絢爛豪華を極める支配者のもと、国全体が贅沢になってくると、紫根染や紅花染など困難な植物染の技法も、息を吹きかえしたかのようである。

秀吉も紫を愛した武将で、肩の部分には濃い紫地に桐紋を絞り、胴の部分は鶸色《ひわいろ》、浅葱《あさぎ》、紫で表現し、裾には濃い緑の矢の形をあらわした華やかな辻が花染の胴服を、南部藩の南部信直が、戦いに必要な特別の馬を献上したその礼としてあたえている。これにも紫草の根がふんだんに使われている。それがきっかけになったとは思えないが、江戸時代になって盛岡と秋田県の花輪あたりに紫草が多く採れて、南部藩では紫根染を特産物として振興するようになり、江戸にまで送られるようになった。その伝統を守っていた盛岡市の紫草園中村家に、秀吉より南部藩が拝領したものが長く伝えられていた。それは、めぐって、現在は京都国立博物館に収蔵され、四百年を経たいまも美しい紫色をたたえている。

このような赤系の紫を好む武将たちの姿は、その当時南蛮船に乗ってやって来たポルトガル、スペインの異国の人びとの眼にも印象的に映ったのであろう。天正五年(一五七七)に来日したポルトガルのイエズス会のジョアン・ロドリゲスは武将好みの衣裳についてつぎのように記している。

衣類の布地の表は、それが絹であろうと、木綿《カンガ》あるいは亜麻の布裂であろうと、いろいろの色をした花が優美に描かれているのが普通である。もっとも、絹物のなかには縞模様のものもあり、また一色のものもあり、二色のものもある。絹の衣類でも他の材料でもそれらの材料に模様を描くことにおいて、日本人は偉大な職人であって、いろいろな描き方をした花《ローザ》の間に金糸を縫い込む。彼らは緋色を使うことですぐれており、さらに赤紫色を使うことでひときわすぐれている。(『日本教会史』第十六章、大航海叢書IX)

上杉謙信の衣裳

現在、山形県米沢市の上杉神社に伝えられる謙信所用とされる衣裳の数の多さ、豪華さ、染織技法の多様さが多くの識者を魅了するのである。

さらに染織史上で特筆しなければならない戦国武将の一人は上杉謙信であろう。

まず「金銀襴緞子縫合胴服《きんぎんらんどんすぬいあわせどうぶく》」というのがある。これは中国より舶載された輝くような金襴や緞子などを、文字どおり縫い合わせた(いまふうにいえばパッチワークとでもいうような)もので、その斬新な試みに感服させられ、一四九頁で記したバサラ大名たちの茶寄合のおりに、裂を裁って衣裳としたとあることを彷彿させるものである。マントはおそらくポルトガルかスペインの船が運んできたものであろう。ヨーロッパ製のビロード地のもので、南蛮屏風に描かれた南蛮人が着ている姿そのもので、彼らから譲り受けたものかと思われる。そして羅紗の胴服。袖は緋色、身頃は濃紺地を対照的に用いて、その縫い目の縁取りはペルシャ製のモールで伏繍《ふせぬい》がほどこされ、裏地には中国明製の緑地菊唐草文様の緞子をつけている。まさに南蛮と中国を混交した衣裳である。

ケルメス(上)とコチニール

この緋色は、それまで日本人が眼にしたことのない猩々緋《しょうじょうひ》というスペイン製の羅紗であった。『日葡辞書』には、「Xǒjǒ シャウジャウ」、または「Xǒjǒfi シャウジャウヒ」とあって、「*Grãa* 臙脂色または深紅色の織物」とある。猩々とは中国における想像上の霊獣で、その血で染めた色というような珍説もあるが、実際には虫から採った染料で染めている。四七頁以下にも記したように、臙脂虫の一種で、地中海あたりに生育する樫の木に付くケルメスという虫で染めたといわれている。ただ、スペインはこのときすでに中南米に進出して、そこにあるもうひとつの臙脂虫、サボテンに付く虫コチニールを自国へ運んでおり、これで染めた可能性もある。

このほか胴服の類いでは、表は真っ白の綸子《りんず》に、裏は真っ赤な紅花染の無地、襟には紅、緑、黄の三色の色糸で織られた唐織を配したもの、紅地に柳、桐などを華やかな刺繡でほどこし、襟には紅の辻が花をあしらったものなど、まことに多彩な衣裳の持ち主である。

ただ、謙信がどうしてこのような衣裳をもち得たのかには、多少の疑問がのこる。私はこの上杉家に伝わる衣裳類は、すべてが謙信のものではなく、いくつかはその養子上杉景勝《かげかつ》の所用ではないかと推測している。時代が前後するが、天正十五年(一五八七)、大坂城において秀吉と接見した景勝は、「白銀五百枚と越後布三百反を贈った」とある。越後布とは越後名産の上質の麻布であろう。それに応えて秀吉は宴席を設け、みずから所用する胴服を贈って親しみの情をあらわしたという記録があるからである。さらに桃山時代になっていちだんと隆盛した京都の高級な小袖屋や呉服商は、公家や金持ちの町方、そして京都に入洛する武将たちの注文だけでなく、特別の許可をもらっては遠く越後、甲府、駿府など有力武将が城を築く街へ出かけて、武具甲冑とともに衣裳の注文も受けてきていた。彼らの手で、遠隔の地に運ばれたものもあったと考えてよいだろう。

家康の衣裳について

徳川家康の着用していた衣裳の豪華さについては、その厖大な遺品がつぶさに物語っている。それらは将軍家に伝わるもの、日光東照宮、静岡の久能山東照宮など家康を祀る神社に奉納されたもの、さらに徳川の御三家として知られるように、家康の第九番目の子供である尾張義直、第十子の紀州頼宣、第十一子の水戸頼房に分割して贈与された、「御駿府御道具分け」などの遺品である。

衣裳には辻が花小袖など豪華絢爛なものが多数あり、数えるのが煩わしいほどである。そのなかでひとつあげてみると、石見銀山の見立て師安原伝兵衛が拝領した「山道に丁子《ちょうじ》文様胴服」があって、これは紫根、紅花、刈安の染料を使って、精巧な絞染をほどこした辻が花で、私のような染屋から見ても想像を絶するような手間と時間と、そして優れた職人たち、澄んだ色が出る高価な染料などをよくぞ集めたと感嘆させられるものである。その一方で、奈良晒《ざら》しの麻を型で染めた浴衣など、普段着に近いものもあって、なおいっそう興味深い。

家康所用の衣裳でとくに、私の眼をひくのは、藍の色の美しさと珍しい柿渋染のものである。たとえば現在徳川美術館に収蔵される「淡浅葱地葵紋付花重文辻が花小袖」と「薄水色地大蟹文麻浴衣」は、染める側の繊維は絹と麻の上布とそれぞれ違うが、どちらも澄んだ清楚な淡藍色をかもし出している。藍は濃い色を染めるほうがどちらかというと簡単で、淡い澄んだ藍色を出すのにはきわめて高度な技術を要するのである。

もうひとつ家康の遺品のなかで注目するのは紙衣《かみこ》である。柔らかく揉みあげた和紙のうえに、柿渋を何度か塗って着色し、それを再度揉みあげて、裏には紫の羽二重をつけて真綿を入れた小袖である。冬の防寒用につくったものと思われ、おおかたの絢爛豪華な衣裳と比べて地味なものだが、将軍までのぼりつめた家康にも「わび、さび」の精神性があったようにも思えて興味深い。上杉謙信も、柿渋染の紙衣の陣羽織を所用している。双方とも、色相をおさえて柿渋染の色を全面に出しながら、家康のは、衣の裏に紫を付け、謙信のものは襟と袖には紫の金襴をつけている。そこには、高貴な色とわび、さびの両極が共在していたというべきであろうか。

能装束に見る桃山の華麗

桃山時代から江戸時代のはじめにかけては、将軍にはおよばぬとも、大名やその周辺にいる武将たち、さらには富を蓄えた町人たちの衣裳も、けっして見劣りするものではなかった。南蛮人の渡来と、佐渡の金山の黄金の採掘による経済基盤が確立された桃山という時代は、衣服もより華麗なものが出現して、それを競うかのごとく着飾ったのである。将軍や上級武家は、みずからが寵愛する婦人たちにも惜しげもなく衣裳をあたえた。

さらには足利義満によって完成された能楽が武家の式楽として広く受け入れられるようになるにしたがって、みずからの贔屓《ひいき》の能役者にも、絢爛豪華な衣裳をあたえるようになっていった。桃山時代の能装束はとくに刺繡と金銀による摺箔を併用した繡箔、そして唐織に時代を映した華麗な美を見ることができる。

刺繡は、中国明《みん》よりもたらされた裂類に大きな影響をうけている。高い技術をもった工人たちも、堺あるいは博多の地より日本へ上陸してそれを伝えた。技としては平繡《ぬい》、刺し繡、まつり繡の三種があって、どちらかというと平易なものだが、平繡というのは渡し繡ともいい、布の裏面には糸が通らないで、針は点として布にささり、表面だけに糸が並ぶ。それによって、文様は盛りあがり、撚りのかからない糸がより立体的に見えるわけである。中国の明のそれは金糸を随所に使っているが、日本では金はまったく見られず、刺繡をしたあとに金箔、銀箔を摺って輝きをつけている。

もうひとつ近世に至って中国の明より渡来した唐織という技術を見ておきたい。唐織という三枚の綾地に、緯糸をあたかも刺繡のように糸を浮かして織っていくもので、刺繡よりも豊かに文様を浮かして、立体的に表現している。織物であるから緯糸が並列的であるが、備前池田家伝来「段片身替り格子菊桐文様唐織」は、経の糸を絣で染め分けにして、地を紅花と白地の段替りにして色と文様を緯糸によって表現している。紅花の赤地には緑色の格子が入り、そこに同じ紅花の緯糸で、桐と柳を浮織にしている。白地には菊文様が緯糸であらわされているが、それらは藍の濃淡、紫、紅花、濃緑、萌黄、白といった多彩な染色がなされていて、いかにも桃山文化を象徴するかのような絢爛豪華な装束となっている。だが、これにも金糸は用いておらず、澄んだ色彩の配列によって美麗な美を表現しようとしている。

富める町人たちも

将軍や大名たちは競ってこのような装束を能役者に贈った。舞台では、幽玄を旨とする能楽とその衣裳の華麗な色彩が動いていたのである。

桃山という時代を映したこのような豪華絢爛な衣裳は、京都の風流踊にもあったようで、戦国から桃山時代の公卿が書き綴った『山科言継《ときつぐ》卿記』には、幕府へ推参した上京町組の出で立ちが「各　結構・金襴・緞子・唐織・紅梅・綺羅を尽くす。先代未聞なり」と記されている。ということは、権力を掌握する武将たちだけでなく、経済を担う、京の町方の人たちもその時代を映したかのように絢爛豪華さを競っていたようである。

そのひとつに、毎年梅雨があけた夏の初めにおこなわれる祇園祭がある。祭りそのものは、平安時代からつづくもので、そのころから「金銀錦繍　風流美麗」(『中右記』)はこのうえないと記されたほど、町人たちが華美を競っていた。中世より、山と鉾という大きな台車が巡行するようになり、それを飾るのに、染織品が数多く用いられるようになったからである。応仁・文明の乱とそのあとには三十余年の中断があったが、復興してからは、烏丸通の西の、四条通を中心とする商業地域の人びとの座を中心として、よりいっそうの発達を示していった。時は戦国時代、力強い武将が登場し、つぎつぎと京へ上ってくる。一方、ポルトガル人の種子島への漂着、フランシスコ・ザビエルの来航という大航海時代の幕開けが、マルコ・ポーロをして黄金の国ジパングといわしめた東の小さな島国にも到来して来たのである。堺、長崎、博多などの港には中国はもとより、南蛮人のもたらすペルシャ、インド、果てはヨーロッパの産物が数多く渡来し、信長、秀吉といった時の権力者はもとより、富を蓄えつつあった京の街の商人、祇園祭を支える人びとを大いに刺激したのである。

みずからが組織した鉾町の象徴である山や鉾に、いままでに見たこともない南蛮渡来の絨緞、異邦人を描いたタペストリーを競って買い求めたのは勢い当然のことであった。巨大な鉾の胴掛けには、輝くように映る異国情緒の豊かな色彩はうってつけのものであった。

また、天正二年(一五七四)に織田信長が、上杉謙信に贈るために狩野永徳に描かせたといわれる「洛中洛外図屛風」には、長刀鉾《なぎなたぼこ》を先頭に月鉾《つきぼこ》、船鉾《ふなぼこ》など山鉾の巡行が描かれていて、中国やインド、ペルシャの絨緞と思われる装飾品が数多く飾られているのがつぶさに描き込まれている。

祇園祭と鮮烈な赤

桃山時代から江戸時代へとつづく西暦一六〇〇年に前後して祇園祭の鉾や山の装飾に使われた染織品のうち、はるか海を越えて渡来したもののなかには、三、四百年を経た現在の祇園祭にいまなお使われているものが少なからずある。思いつくままに拾ってみると、まずは、長刀鉾と南観音山《みなみかんのんやま》に伝えられる、ペルシャ帝国サファビー朝の通称「ポロネーズの絨緞」。イランのイスファハンで織られたもので、現在は退色が激しいが、紅花で染められた赤、そして黄、緑、縹など多彩な色が絹に染められて輝くような光を放っている。「ポロネーズ」とはポーランド向けの輸出品との意味で、どのようにして日本にもたらされたものであろうか。
月鉾には、当時西から徐々に浸透してきたイスラム文化の影響で成立していたインドのムガール帝国のラホールという街で織られた円形のメダリオンと花葉の文様があらわされた真赤な絨緞があり、この赤はラック貝殻虫で染められている。これはとりわけ保存がよく、いまも美しい色彩を保っている。

南観音山にはインドで染められた木綿の更紗が三種伝来され、その一枚には貞享元年（一六八四）の銘があって、この鉾町の袋屋庄兵衛が寄贈したことが明らかにされている。

函谷鉾《かんこぼこ》には中国の周辺の遊牧民によって織られた牡丹や虎、梅の文様があらわされた羊毛の絨緞があり、これらはこのほか二十枚ほどが各鉾町にある。

北観音山には中国の明時代の綴織で百唐子《からこ》を描いた掛物があり、紅花で染められた赤は現在ではかなり退色している。近年同じ種類のものがチベットの寺院で発見され、この北観音山に納められたが、保存状況がよく眩いばかりの赤を保っており、往時の色彩の鮮やかさが想起できる。鯉山にはベルギーのブリュッセルからもたらされたタペストリーがあり、それはトロイア戦争を主題に、詩人ホメーロスによって書かれた『イーリアス』の一場面が綴《つづれ》で織り込まれている。

以上はほんの代表的なもので、現在まで海外からもたらされたものはおよそ二百十数点あり、江戸時代の天明期の大火で多くの鉾山が被害に遭っていることを考えると、以前はかなりの数の外国製の装飾品があったと思われる。

海外よりもたらされる異国情緒豊かな染織品をそれぞれの鉾町で買い求めることは隣の町との激しい競争心のあらわれであったし、さらにはこの巨大な鉾や山が巡行するときに、多くの観衆の眼を惹きつけるにはよほど大胆で鮮烈な色彩が必要であっただろう。

祇園祭を支える新町通、室町通の商人のなかにはいわゆる染織を専門とする呉服商が多かった。かつては大店といわれた大きな呉服商がかなりの数を占めていたし、それらのなかから大きく成長して現在の百貨店や巨大な商社になっているものも少なくない。

いまでもこのあたりはまさに呉服商人の街で、そこから一、二本通りを西へ行った西洞院通、そして堀川といった通り筋には呉服商から注文を受けた染色加工の職人たちが軒を連ねている。ここらにも祇園祭の鉾山町がある。染織を商う人、呉服を染める職人たちは江戸時代になって、いずれもそれまでにもまったく見たことのなかった大きくて鮮やかな絨緞や壁掛をつぶさに見て刺激されないはずはなかった。夏の強烈な陽を浴びて、まさに山が揺れ動くように巡行する巨大な車と鮮烈な色彩、とりわけ赤の色が強く眼に焼きついただろうと思える。

第六章　江戸時代の流行色

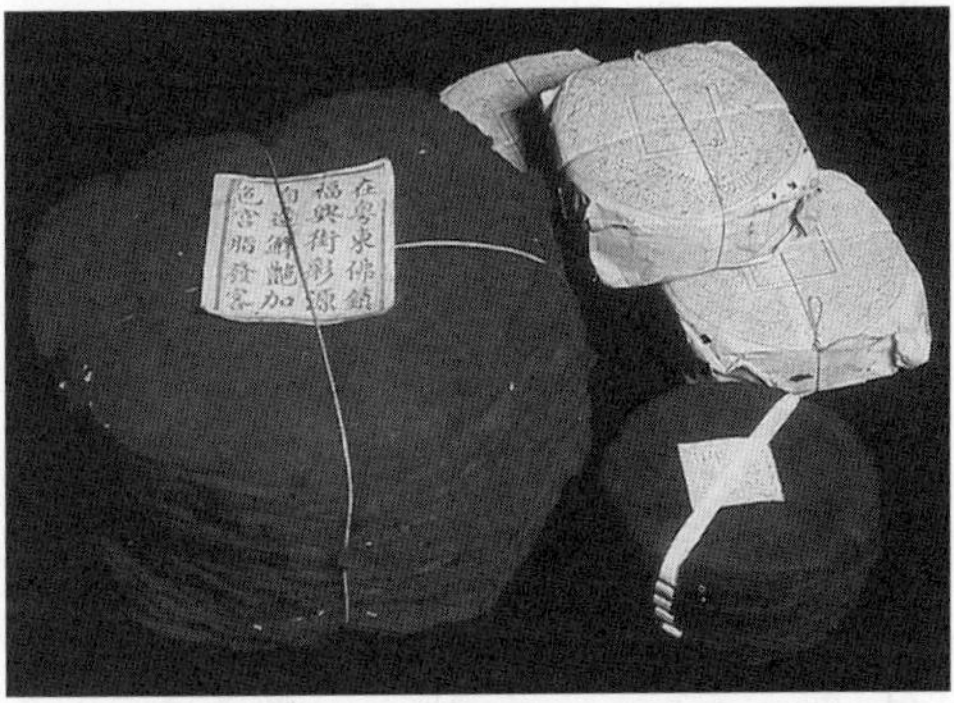

臙脂綿．ラック貝殻虫からとった染料をしみこませてあり，中国から輸入した

御朱印船と豪商

室町時代の終わりから、桃山、江戸のはじめに至るまでの、戦国武将たちの、まばゆいばかりの色彩をあらわした絢爛豪華な衣裳をつくろうとする欲望の強さは相当なものであった。そのためには、色をかもし出すもととなる紫草の根、紅花、藍、蘇芳などの染料の素材の調達もさることながら、染められる側の布や糸、すなわち絹の質もまたきわめて重要であった。日本では、中国渡来の養蚕の技術は古代より定着していたが、その質については、中国産のものが優れているとして珍重されてきた。十五世紀の中ごろ、奈良興福寺大乗院門跡であった尋尊《じんそん》の記録『大乗院寺社雑事記』にも、「唐船の利得は生糸に過ぐるはなし」とあって、中国の生糸が尊ばれて、輸入品として重要かつ商業的にも有利であったことがわかる。そのことは、桃山から江戸時代までもつづいていた。

中国の明との交易、南蛮船の来航などに刺激されて、日本から海外へ渡航する大名、商人も増えてきて、豊臣秀吉はそれを公に許可する朱印状をあたえた。その「御朱印船」制度は、徳川家康も継承して、江戸時代に入ってからは、貿易もさらに拡大して、生糸の輸入も引きつづいて増えていった。家康は、「糸割符《わっぷ》制度」を設けて、糸を買って輸入する独占事業の権利を特定の商人にあたえて、その見返りとして、幕府の財政を援護するように要請していた。長崎の末次、船本、荒木、絲屋、京都の茶屋、角倉《すみのくら》、後藤、堺の伊予というのが、その免許をもった者たちである。そのなかでも茶屋、後藤、角倉という京都の三家は、徳川幕府との関係がとくに深いことからも注目に値する。

茶屋家はもともと京都の出身で、その後、京の町なかに住み、足利義輝とも親交があったという。法華宗であったため、その弾圧を逃れるために三河に渡った。政商となって茶屋四郎次《しろじ》郎《ろう》家を名乗る。その初代清延は、三河で生まれ、そこで家康と接触があったようで、三河の御《ご》用達《ようたし》人として活躍していた。その後、商売をより大きくするために、再び京都へ移っていた。この茶屋清延は秀吉と家康との使いの役割もはたしていたといわれる。茶屋家の三河時代からの動きを見ていくと、糸割符の特権を与えられるのは当然のことといえよう。これ以後、江戸幕府二百六十年あまりにわたって、茶屋家は長く徳川家の顧問的役割をはたしていくのである。そして後藤庄三郎も、家康の側近として、金座を統括する御金銀改役、地金の勘定役として、政治財政にわたって活躍していた。また、後藤は海外の事情にも通じていた。京都商人田中勝介が当時、濃毘須般国と記されていたメキシコへ渡来したいという望みをもっていたのを、家康に斡旋して、その許しをもらってやった。これは『駿府記』(慶長十六年九月二十二日)に記されている。

去年京町人田中勝介、就二後藤少三郎一望二渡海一、今夏帰朝、数色之羅紗并葡萄酒持来、件紫紗其一也、其海路八九千里云々

田中勝介は帰国にあたって、数種類の色の羅紗、すなわち毛織物と葡萄酒を持ち帰った。家康には紫色の羅紗を贈り、それを御鷹野装束に羽織として着たとある。これは、メキシコ産の臙脂《えんじ》虫であるコチニールで染めたものと考えられる

コチニール赤がもたらされる

コロンブスがアメリカ大陸に到達し、やがてスペイン人が上陸して、つぎつぎと原住民を征服し、銀などの特産物を自国へ持ち帰っていった。そのなかのひとつに、染材のコチニールがあった。それまでスペインをはじめ地中海の沿岸諸国では、ケルメスを使っていたが、サボテンに付着するコチニールのほうが大量に採れてよく色が出るため、相当な量を持ち帰った。おもに羊毛の羅紗を染めるのに用いられ、日本へも遠く船に乗せられて運ばれていた。

戦国武将たちは、それまで日本人にはなじみの薄かった羊毛の、なかでも赤色の鮮烈な羅紗、ビロードといった染織品に魅せられて陣羽織に仕立て、戦場でひときわ目立つ斬新な意匠を競

っていた。さきにも書いたように、上杉謙信所用、あるいは小早川秀秋着用と伝えられる、スペイン製の鮮やかな猩々緋の羅紗を用いた異国情緒あふれる陣羽織が今日まで伝えられている。だが、さきに引いた『駿府記』を見ると、家康は、コチニールの原産国であるメキシコで染められた羅紗を着たことになる。「紫紗」とあるが、コチニールで染めた青味の赤は、やや紫色のようにも見えるため、そのように表現されたのだろうと私は考えている。中南米産のコチニールの色は、日本へは、大航海時代の波にのって、東からも、スペインを通って西からももたらされたことになる。

また、角倉家は、京都の嵯峨の大堰《おおい》川(桂川)、高瀬川などの河川を船が航行できるように整備、開削したことで知られるが、やはり徳川幕府の政商として、御朱印船貿易でも活躍した。角倉船で運ばれた文物を将軍にも献上していた。

このように、江戸時代のはじめのころは、南蛮船、御朱印船など海外からの入船、出船によって、紅糸、緋紗と表現される鮮やかな朱色などの世界のさまざまな染織品など、それまでには見ることができなかった珍しいもの、とりどりの色彩が、一挙にもたらされていることがわかる。

シャム更紗

シャム更紗と新しい染色の誕生

現在のタイは、当時アユタヤ王朝がビルマとの長い戦いを終えてシャム国として独立をはたしたころで、海外貿易もさかんになって、アユタヤにはポルトガル、オランダ、イギリス、中国、日本などから多くの人びとが集まって繁栄していた。日本からも御朱印船などが渡航し、山田長政の活躍で知られるように日本人町が形成されていた。

ここには、インドのコロマンデル海岸で特別につくられた、いわゆるシャム更紗といわれるものが運ばれていた。その文様はシャム王国が進んで取り入れた小乗仏教の影響を受けたもので、それらの寺院に見られる仏像を意匠化したものを中心に、草花や獅子などの象徴的な動物が、きわめて細い白線で囲われて、精緻にあらわされている。インドで染められた木綿布でインド産の茜によって染められた鮮烈な更紗の赤は、世界中の人びとの眼を奪った。大航海時代になって、世界各地に大量に輸出されたものであるが、シャムに向けてつくられたものは特別繊細で、製作上でもたいへんな手間がかかったものであった。この華美な木綿布がシャム更紗なのである。シャム更紗が、日本へもたらされた形跡を、寛永年間（一六二四〜一六四四）の鎖国以前の貿易記録である『異国渡海航路の積荷』などから知ることができる。

元和七年（一六二一）には、シャムのソンタム王の使節が江戸城を訪問し、徳川秀忠に王からの贈物を届けている。その中身は、「長剣、短剣、鉄砲、木綿十反」と記されている。呉服商でもあった茶屋四郎次郎が東南アジア貿易に熱心であったことからも、シャム向けにつくられたインド更紗が日本へ数多く将来されていたと考えられ、シャム更紗は京都の呉服商や堀川に立ち並ぶ染屋たちにもよく知られていた。このような目新しく色彩が鮮烈で、しかも手のこんだ染織品は大きな衝撃をあたえたに違いない。正保二年（一六四五）に刊行された俳諧の作法を記した『毛吹草《けふきぐさ》』に、京都の名産に「シャムロ染」の記載が見られる。もうすでに、京都においてシャム更紗を模した染物が生産されていたことがうかがえるのである。

ただ、シャムロ染というものが今日まで現存しておらず、どのようなものかは判然としない。私は、シャム更紗の細い流麗な線はのちの友禅染に強い影響を与えているので、シャムロ染はそれに先行するもので、初期友禅染と考えている。

商人たちの新しい波

徳川家康が江戸に幕府を開いてからおおよそ五十年たったころ、将軍も四代を数えて家綱の世になっていた。幕藩体制はようやく落ち着きを見せはじめていたが、桃山の絢爛たる時代の余熱は冷えはじめていた。金山、銀山の埋蔵量も減少の一途をたどり、幕府の財政に陰りが見えはじめたころである。

一方、地方においては農業が振興されて生産力は一段と高まりを見せ、自給自足の生活から、それぞれの地の自然風土を生かした特産品を生んで、江戸、京、大坂という都市へ、あるいはほかの地方へ売るという流通経済の充実もはかられるようになっていた。

染織に関するものだけをいくつか拾ってみると、養蚕業は、それまでは関西から中国地方が主であったが、しだいに北へ広がりを見せて、信州、関東東北部におよんでいった。三河や河内、瀬戸内、九州などの温暖な地では木綿を栽培して、蒲団綿と糸を紡いで木綿布の製織をおこない、また、麻は奈良、近江、能登、越後などがその特徴を競い合っていた。

産業がさかんになればそれにつれて交通が発達し、金銭をあらかじめ用意してそれらの商品を買い取っていく新しい問屋制度が出現してくると、経済界にも風が通りやすくなり、将軍、大名の特権を利用した古い体質の商人が「大名貸し」などによって没落する反面、新しい波に乗じた新興の商人たちが活躍する時代が到来するのである。彼らは自由な経済競争のなか、あらゆる知恵を絞って商いをして富を蓄え、しだいに力をつけるようになる。富を手にすると欲しくなるのは遊興と権力と名誉である。しかし「士農工商」という身分の壁は厚く、いきおい遊興のほうに眼が向けられるようになる。しかも、彼らは従来の商人たちとは価値観がちがう。つねに新しいものを求めるのは当然のことであった。

寛文小袖と贅沢禁止令

こうした時代の流れとともに、人びとの風俗も必然的に変わらざるを得なかった。富を得た町人は、幕府の禁令をぎりぎり守りながらも、みずからの豊かさを表現する方法を見いだすようになってくる。お洒落をして姿かたちを整えようという気分が高まるのは当然である。

染織の世界も、まずきもののかたちにおいて、また、意匠の表現とその技法においても変化の兆しがあった。このような流れのなかで、寛文年間(一六六一〜一六七三)を中心としたいわゆる寛文小袖の出現がある。

きものの全面にこれでもかといわんばかりに文様をほどこし、絞り、刺繡、摺箔《すりはく》などの技を縦横に駆使した絢爛豪華な桃山ふうの慶長小袖(後述)と比べてみると、寛文小袖は背面右肩に重点をおいて、余白を生かしながら文様が流れるように配される。しかし、手間のかかる鹿子絞りが多く使われ、加えて、金糸の刺繡が見られるようになるのが特徴である。

おりしも、呉服商の顧客の数は増える一方で、それに応じなくてはいけない。客に文様の図案を見せながら、互いに納得のうえできものを誂えられるという、木版本が刊行されるようになったのもこのころである。それを「雛形本《ひいながたぼん》」という。これは桜、紅葉、菊といったさまざまな草花や景物などで構成した文様を配している見本帖である。このような図案情報が出版されるということは、新興町人が数多く出現し、その需要に応えるべく呉服問屋がつぎつぎと生まれたということであり、おもに京都の堀川四条を中心とする染色業者が多忙をきわめ、繁盛するというように波及効果を生みだしていった。

しかし、幕府は、町人がことさら美しい衣裳を身に着け、それを誇示することに危惧の念を抱き、たびたび禁令を出した。天和二年(一六八二)から三年にかけては、つぎつぎと衣服に対する御触れを出した。なかでもその年の正月には、

金紗《きんしゃ》、縫、惣鹿《か》の子《こ》 右の品、向後女之衣類に禁制之、惣て……

つまり、金紗、豪華な刺繡、惣絞りなどは、今後女性の衣裳に用いてはならない。加えて珍しい織物や染物を新しく出すことは一切禁止する。小袖の表一端(反)について二百目より高価なものを売ったり買ったりしてはならない、とした。そして同じ年の三月には、外国からの羅

紗をはじめとする織物などの輸入品も禁止している。

　この禁止令からさかのぼることおよそ十年前、伊勢の松坂から出てきた三井高利は、長兄から譲り受けた呉服商をもとに、江戸日本橋本町一丁目に店舗を開いて一般に小売をはじめた。京都の室町に仕入店を設けて、京都において制作されるきものや帯を江戸へと運んで売りさばいたのである。その商法とは、大名貸しなどで苦しむ古い商法から脱却して、販売は「現金掛け値なし」を貫き通し、一日五十両もの売り上げをあげて、日本一の商人となっていったのである。三井の試みは、江戸をはじめとして、町人階層に富が広まり、武家や公家階級の華やかな生活に憧れを抱いて、美しく装いたいとの願いが芽生えていたことを、十分に熟知したうえでの開店であった。

　こうした時勢にあって、幕府の禁令に触れるような絢爛豪華さではなく、それでいて豊かになった町人の虚栄心をゆさぶるような、洒落ていて、しかもどこか華やかさを漂わせる衣裳の開発、これが元禄時代前後の呉服を制作する側の使命であった。尾形光琳の生家である雁金屋のような、将軍や公家の注文を受けてからきものを制作するような呉服業は衰退し、むしろある程度安価に、そして量産もきくようなきものの出現は時を待たなくなったのである。

なぞに包まれた茶屋染

江戸時代になってこうして新しい染色の技法がつぎつぎと考案されていったが、日本の色の流れを見るなかで、「茶屋染《ちややぞめ》」に触れないわけにはいかない。

茶屋染とは茶屋辻とも称され、江戸時代前期の『御ひいなかた』にも記されたもので、徳川家康についた豪商であり呉服商でもあった茶屋四郎次郎家が染めたといわれている。奈良麻か越後上布といったきわめて上質な細い苧麻《ちよま》布に藍の濃淡の色をつけることによって染めあげる夏の帷子《かたびら》である。

まず米糊で地を伏せる。そして文様の部分を藍色の浸染《つけぞめ》であらわすものである。糊で大きな面積をきわめて精巧におおっていって、文様の周囲をうめていく。しかも布は藍甕で浸染するので、裏からも藍が浸透しないように糊は両面におかなければならない。染屋の立場から見るとこれほど手間のかかる仕事はないのである。茶屋染は、徳川御三家の女性だけに許されたという高級な夏帷子である。それにしても、今日まで伝えられる茶屋染の遺品はきわめて少なく、その技法はなぞに包まれている。

私は、茶屋染といわれる初期のものは、藍の浸染で染めあげたもので、布の表、裏の色がまったく同色の、きわめて澄んだものが本来だったと見ている。ただ、その創生期でも、細い線描きなどは一部に藍蠟で記したように藍甕の泡を精製したものを使っている。

ただし、江戸時代中期の終わりから後期にかけてのいわゆる茶屋染ふうのものは、藍の浸染はまったくなく、藍蠟だけでの手挿しによる着色がほとんどである。

友禅染の誕生

宮崎友禅斎はもともと扇に絵を描く町絵師であった。それを少しでも量産しようとしたのか、染色技術のひとつ、米糊による防染法を用いて扇絵の意匠の輪郭をあらわそうと考えたのである。友禅斎は、おそらく副業として染織品の下絵も描いていて、室町新町の呉服商、四条堀川の染色業者とも交流はあったのであろう。染めの技術の米糊による防染法も知っていたであろうし、当時、輸入されて人びとの目を引いていたシャム更紗の鮮烈な赤と白い細い線で描かれた文様の繊細な美しさも十分に見ていた。たとえば花や鳥の文様をあらわすのに、その輪郭線の下絵を青花(露草の汁)で描き、糊を楊子の先に付けたり筒に入れてその線上に置き、線に囲まれた空白を顔料や染料を使ってそれぞれに彩色し、華麗な絵文様を表現するということを試みたのである(青花は水で容易に落ちる)。色挿しの素材は日本画の材料で、赤色は臙脂や朱、弁柄、黄色は雌黄《しおう》、藍色は群青《ぐんじょう》、藍蠟などと、それまで画家が研いてきた技が発揮できるのである。一枚のきもののなかに華やかな色彩が自由に使われ、構図の目新しさとあいまって、町人たちのお洒落心をゆさぶっていった。貞享四年(一六八七)に刊行された雛形本『源氏ひなかた』に「扇のみか小袖にもはやる友禅染」とある。

この、宮崎友禅斎が発明したとされる友禅染の技は、染色作業の分業化が促進され、きものの量産の魁となった一大革新なのである。

友禅染と臙脂綿

友禅染の初期、元禄時代(一六八八～一七〇四)に染められたといわれる衣裳を見ると、青味がかった赤色がひときわ目立つ。それまでの日本の染織ではあまり使われていなかったラック貝殻虫から採った染料である。これは奈良時代のところでもふれたが、近世になって、中国より大量に輸入されたらしく、日本画や染色にその鮮やかな赤色がかなり頻繁に使われるようになってきた。ラック貝殻虫のなかに赤色の染料があって、しかも樹脂分を大量にもっている。それを煮沸していくと、赤色が液に溶出する。インド、ブータン、ミャンマーあたりで採れるものので、正倉院にも「紫鉚」という名称で収蔵されていることはすでに書いたとおりである。中国では明時代より、この樹脂を輸入して、その赤色を濃縮して綿にしみこませて保存したとされている。綿に色素を吸収させて保存する方法は、古代より、紅花の色泥でおこなっていて、それを三五頁に記した中国の故事にならって、臙脂《えんじ》綿《わた》と称していた。ところが中国の明時代に刊行された『天工開物』などから見ると、中世よりあとになって、虫からの染料もそう呼び習わすようになって、まぎらわしくなってきたのである。

ともあれ、中世から近世にかけて、臙脂虫の色を含ませた臙脂綿という絵具が中国より日本へ輸出され、まずは日本画に、そして友禅染の染色に用いられるようになったのである。

この臙脂綿は現代ではまったく生産されていない。かつては、中国蘇州でさかんであったと聞く。私の工房では、まだ古いものを所有していて、江戸時代の友禅を復元するおりに使っている（本章扉参照）。木綿に浸透させた濃い色素は水に簡単に溶け、絹布に塗ると青味の赤が得られる。もっとも、顔料や染料を塗って染め付けるわけであるから、浸けて染めるのに比べて定着の度合が弱いので、あらかじめ大豆の搾り汁を絹布に塗っておく。とくに臙脂は塗ったあと、明礬《みょうばん》を塗って、媒染してよく浸透するようにする。

青花

江戸紫・京紫

江戸紫と京紫という色名は、よく耳にされるだろう。「助六由縁江戸桜《すけろくゆかりのえどざくら》」は、歌舞伎十八番のひとつに数えられる人気の出しもので、そのなかで、侠客の助六が頭に締める紫の鉢巻が、桔梗の花に似た青味の紫であったところから、江戸紫は青味の紫といわれるようになった。「紫と男は江戸に限るなり」という川柳があるように、江戸紫は男性的な凜とした色彩である。

一方、京紫は赤味の紫というのが定説である。ところが、それがまったく逆であるという説もあって、京紫とはもともと古代の紫の系統をひくもので、成熟した茄子のような青味のものなのだという。これは、江戸時代の有職故実《ゆうそくこじつ》研究家である伊勢《いせ》貞丈《さだたけ》が著した『安斎随筆』という書に、「今世京紫といふ色は紫の正色なり。今江戸紫といふは杜若《かきつばた》の花の色の如し。是葡萄《えび》染《ぞめ》なり」とあるのを論拠としている。江戸紫は杜若の花のように、やや赤味の紫と解しているのである。ただ、江戸紫という言葉の初見については、大坂河内郡に江戸屋という染屋が紫染をもっぱらとしていたことによる、という記録もある。

このように江戸紫も京紫も諸説紛々ではあるが、江戸時代の後期からは、あとで述べる豪農杉田仙蔵などの活躍と、武蔵野から五日市にかけてかなりの量の紫草の栽培がおこなわれていて、江戸川周辺には紫染屋がずいぶん存在していたようなので、このころになって、江戸紫という言葉が定着していったと考えていいように思う。

紫の染めは、私の工房でもかなり頻繁におこなっているが、紫は、紫草の根から採った染液と、椿灰の液とに交互に入れて色相を濃くしていく。青味の紫にするか、赤味にするかは、染色に用いる酢と灰汁の調整で決まるのである。赤味にする場合は、紫の染液のなかに酢を少量足しておくといい。青味を強くするには、灰汁すなわちアルカリ性の液に浸ける。したがって、椿灰の液で染色を終えると、かなり青味がのこったまま仕上がることになる。

紫染の流行

江戸時代の色彩を論じるときに、とかく茶と黒といった地味な色相、粋《いき》の精神に話が偏るが、人びとの紫や赤への渇望が絶えていたわけではなかった。高貴な色である紫も依然として憧憬のまとで、染屋が技を競っていたのである。

江戸期の流行を知るのに、印刷術の発展にともなった出版文化の興隆も見のがせないことである。慶安四年(一六五一)に出版された『聞書秘伝抄』という食物の製法や種芸法を記した書物のなかに、染色の諸法の項もあって、「そめやうの事」が記されている。そこには、紫、紅など高度な技が必要な染め方が書かれている。「ほんむらさきそめやうの事」のところには、紫の根を、椿の灰汁で媒染して染める、伝統的な技法が記されている一方で、「にせむらさきそめやうの事」もあって、蘇芳を使う技法が記されているが、私から見れば、本当に染まるのかと、疑いたくなるような記述ではある。だが、それほどに紫の需要があったということである。

元禄三年(一六九〇)に刊行された『人倫訓蒙図彙』の巻六に「紫師」の項があって、「此紫染

一種　これすなす中にも上京《かみぎょう》　中川屋其名高し　茜は山科名物也　又江戸紫の家　油小路　四条の下にあり」と記されている。また元禄五年（一六九二）に書かれた板看板に、「むらさきや　あぶらの小路たこやくし下ル　江戸や」とあることから、そのころの京都の染屋で紫染屋が何軒かあって、そのなかに「江戸や」という店名もあり、江戸紫の語源になっているとも考えられる。そのころには紫染屋は京都に限らず、大坂の天神橋あたりにも数軒あり、江戸でもすでにあったようで、元禄三年板『増補江戸惣鹿子名所大全』には「紫染や　本町二丁目　芝増上寺片門前　其外所々に有之といへども此所多くあるなり」とあり、紫染は隆盛していたといえるのである。

宝永年間（一七〇四～一七一〇）に、京都智積院の僧侶であった円光という人が、武蔵国多磨郡松庵所川（いまの杉並区松庵）あたりで杉田仙蔵という豪農と出会った。あるとき二人で江戸の町を見物していると、紫染の衣裳を着た男女と多く出会い、仙蔵はその色の優美さにも感心し、また流行していることを知った。そして、それが京都で染められていると聞いて、江戸でもできるだろうと、紫染屋を開こうとした。土地をかたに金を借り、苦心して染工場を造ったが、製品はすぐに色が変わって返品になるありさまだった。

当時、奥州の南部藩では、山野に自生する紫草が多く、質のよいものがとれるところから、藩の特産物奨励政策によって、名産品となっていた。紫根そのものを頒布するとともに、実際の染色もおこなわれて、南部紫と称して全国へ販売されていた。杉田仙蔵はそれを聞いて、南部へわざわざ出向いて研究し、ようやく栽培法と染色技術をものにすることができた。ところが、その工場が、完成して祝宴を張った夜に焼失してしまったのである。円光は悲しんで仙蔵の三男に後事を託し、ようやく江戸における紫染が完成したという話も伝えられている。

紫草の根は山野に自生するものを山根といい品質がいい。また、栽培もすでに奈良時代からおこなわれていた。武蔵野の地も古くからの産地で、江戸時代にはかなり栽培がおこなわれていたようである。華岡青洲が発明した火傷の薬として知られている「紫雲膏《しうんこう》」には紫草の根が入っているが、紫は薬用にも使われていたのである。

吉宗と茜染の復活

紫だけでなく、鮮やかな赤の色も根強い人気があった。後述する慶長小袖に見られるような鮮烈な紅花染はもちろんのこと、また元禄期の友禅染も、あたかも日本画のような花鳥文様をあらわし、そこに臙脂綿を用いた青味の赤を鮮やかに挿していた。元禄以後の小袖、振袖の類にも紅花をふんだんに用いていた。

その一方で、茜染は日本の植物染のなかではもっとも古くからおこなわれてきた技術であったのだが、中世の終わりころから、染色が困難なこともあってか衰退していったようである。

ただ、茜染の衰退を憂えて、実験を繰り返して研究する人物もいた。『農業全書』という書物は、元禄九年(一六九六)に、宮崎安貞という人が四十年あまりのあいだ、みずからが試みた農業の実験結果を十巻にわたってまとめたもので、その巻六第六に茜根という項目があり、茜染の技法が記されている。

八代将軍徳川吉宗は、享保の改革を断行したことで知られる幕府中興の祖であるが、なかでも殖産振興に力を注いだ。『徳川実紀』によるとその一端として吉宗は、江戸城内にある吹上御殿に染殿《そめどの》を設けて、古い染色技法を布や革に再現しようとした。かつては武具の鎧などには茜染は多く用いられてきた。それを知る吉宗は嘆いて、なんとか茜の染法がよみがえらないものかと染人に命じたのである。幾度か試みたが、なかなかうまくいかなかったので、貝原好古が書いた『農業全書』を参考にしたとある(これは『実紀』の誤記で、さきに記した宮崎安貞の書のこと)。それに茜の染色法が書かれているので参考にしたら、見事に再現できて、永寿丸という船の旗を染めたところ、あまり退色がなかったという。

徳川吉宗は徳川幕府に昔日の勢いをよみがえらせようと大志を抱いた将軍であったから、武将の象徴である鎧甲の緋色も伝統的な古い様式で、鮮やかなほんものの茜染であらわしたかったのかもしれない。

第四章でふれた御嶽神社の「赤糸威鎧《あかいとおどしよろい》」を、吉宗は享保十二年(一七二七)にわざわざ江戸城へ運ばせて参考に見ている。吉宗の茜染への強い執着がわかろうと思われる出来事である。

なお「赤糸威鎧」は、その出来事から百八十年近くを経た明治三十年代になって傷みが激しくなり、修理がおこなわれた。そのころは、一八五〇年代に発明されたイギリス、ドイツの化学染料が日本に大量に輸入されはじめていて、日本の伝統的な植物染は衰退の一途をたどっていた。もちろん、吉宗が再興を願った日本茜染の技法などがのこっていたはずがない。その補修には、ドイツから輸入された、当時では最先端の化学染料が用いられたのである。

ところが、それから百年たった現在はどうであろう。補修されず平安時代に茜に染められたままの糸は、若干退色はしているものの、いまなお茜色を呈しているが、化学染料で補修された糸は、無残にもはげたような汚れた桃色になっている。天然の染料で染めた糸はたとえ退色していってもそれなりの美しさがある。しかし、化学染料は、ひとたび退色あるいは変化がおきると見るに忍びない色になってしまう危険性がある。

猩々緋を求めた家斉

武将たちは南蛮船が運んできた真っ赤な毛織物あるいはフェルトに魅了され、それを陣羽織に仕立てたりして着用していた。そのような西洋の赤を猩々緋《しょうじょうひ》として珍重することは、江戸時代になっても続き、武士の陣羽織、火事装束など、どちらかといえば、高位とみなされることを象徴するかのような衣裳として用いられた。しかしそれは、オランダ船が運ぶ高価なものなので、それを使うことを禁止する通達も幾度か出された。十一代将軍徳川家斉は、寛政十二年(一八〇〇)、日本において、羊を実際に飼育して毛織物を製造させ、さらに貝殻虫の染料であるコチニールで真っ赤な色彩を染めるように命じた。長崎町年寄高島作兵衛はそれをうけて、出島オランダ商館を訪ねて、「コチニールの作り方併に猩々緋及び其他の織物の染色術に熟練せる一二の技師」を派遣するように依頼している。コチニールは前述のように、新大陸でスペイン人が発見したサボテンに付く貝殻虫の染料である。コチニールは明礬のアルミ分によって、鮮やかな赤に発色するが、実は、一六五六年にオランダで、錫を溶解した液でこれを発色すると赤紫にもなることが発見されていた。いわば、当時オランダはコチニールの染色技術の最先端をいっていたのである。

そのため、日本から望まれて技術者を派遣し、日本で生産されると、オランダ製品の輸出に影響が出るわけで、同じく要請のあった羊毛の製造も、それが記された辞典と薬品を二、三種渡しただけでのがれている。ちなみに、羊毛の製造はのちにも中国から技術者を招いて長崎の浦上で飼育を試み、コチニールではなく蘇芳の赤で染めたフェルト絨毯の製造を試みたが、それも失敗に終わっている。

楊梅

このように見ると、茶や黒が流行した江戸時代の中期から後期においてさえ、身分の高い将軍などは、鮮やかな色を欲しているようで、色彩への人間の欲望はいつの時代も変わりないともいえよう。

慶長小袖と黒の流行

ここからは、やや時代は前後するが、江戸時代の茶と黒の流行について述べていきたい。

慶長年間（一五九六～一六一五）は、まだ、桃山文化の風が引きつづいて吹いていたことは確かではあるが、染色の技法から見ると、新たに慶長小袖という、いままでに見られなかった斬新な色彩の組み合わせをもつ衣裳が登場してきている。それが、元和から寛永（一六一五～一六四四）、寛文（一六六一～一六七三）にいたる新たな衣裳への展開のきっかけとなっているのである。

その慶長小袖の特徴は、まず生地があげられる。桃山期の辻が花染なども生絹《すずし》や練絹《ねりぎぬ》の平絹の地に絞りがほどこされていたが、地に小さな紋様が入った綸子《りんず》地がより多く使われるようになる。そして、全体に絞染の染め分けによって、大胆な文様があらわされている。濃い紅花染に対して、黒い色彩が大きな面積をしめるようになる。その一方で、鹿《か》の子《こ》絞りという小さな点を集合させて文様をあらわす技法も随所に見られ、刺繡や金の摺箔も桃山時代より、さらに繊細に表現されるようになってきている。

私は、一領のきもののなかに、紅花と黒という正反対の色彩が競いあうように存在することに魅力を感じるが、なにより黒染の部分が大きく目立つことに注目したい。それまでも黒染がなかったわけではない。平安時代の貴族は、喪に服する時には鈍色《にびいろ》を着用していたし、一時期黒を四位以上の高位の色としたこともあった。近世では辻が花染にも、墨の描線などわずかな部分に黒染が使われていたが、慶長小袖のように、鮮やかな紅を配した華やかな衣裳に、これほどまで黒が主張することはなかった。

慶長年間に平戸へやって来たイギリス商人の本国への書翰を集めた『慶元イギリス書翰』には、「藍　黒色程売行好き色なければなり……黒羅紗も需要あり。併し猩々緋は従来程多くは購求されず。焔色、ベニス赤色、海水緑色等は少しも珍重せられず」(慶長十九年)と記されている。このような例をみると、江戸時代に入って、それまでの真っ赤な猩々緋などの色だけでなく黒が好まれてきており、人びとの色の好みというか、流行色に変化がきたしているようにも思えるのである。

茶染・黒染の全盛

やがて、江戸はいちやく京、大坂以上の大都市へと発展していく。元禄時代には、人口七十万人近くにもなったといわれ、そこに住む町人や下級武士の好みが、その後、江戸時代の文化の流れには、かなり反映していった。

江戸の紫染のところでも紹介した『聞書秘伝抄』には「ちや色そめやうの事」「くろちやそめの事」など地味な色相の技法も書かれていて、その系統の色の需要が増していることがうかがえる。ここには「あをみやうはん」が記されている。これは、緑礬《ろうは》ともいう硫化鉄鉱物であって、これも黒染すなわち鉄の素材の媒染のひとつとして使われたものである。このなかに「ちや色そめやうの事」という項があって、「江戸ちや」「みる茶」などの色をしぶき（渋木）、すなわち楊梅《やまもも》の樹皮で染めて、ろうは（緑礬）で媒染して色を出すとしている。

「くろ茶」の項には、顔料である墨の使用が記されている。「ゆえんのすみ」（油煙の墨）を豆汁《ご》、つまり大豆の搾り汁《じる》で引染《ひきぞめ》している。これには、下染に濃い浅葱《あさぎ》に染めると記されているが、これは先に藍染をしてから墨染する、いわゆる藍下黒《あいしたぐろ》の技法である。あらかじめ藍や紅花をかけておいて、その上に墨をかけて、深みのある豊かな色彩を出すようにしたのである。これは平安時代にあった、青鈍《あおにび》、紫鈍の技法と近似している。

それから、十五年のちの寛文六年（一六六六）には『紺屋茶染口伝書』が出版されている。そこには「かねのせんじやう」とあって、かね、すなわち鉄を酢とともに煎じて、錆を液に溶かし出す方法を書いている。茶黒系の色を発色するのに、この鉄分を溶かした媒染剤がいかに重要であるかを物語っているのである。

京都は土に鉄分が少なく、地下水も鉄気《かなけ》を含んでいないので、赤、紫、黄色などの明るく澄んだ色を染めるには適した地であった。それゆえ、逆に鉄媒染で鼠から黒、あるいは茶を出すことにはある種の工夫が必要であった。さきの緑礬を用いるか、木酢、あるいは腐敗した米と酢などに鉄錆を入れて、鉄分をとかして、その液を媒染剤としてタンニン酸を含む染料で染めるわけである。これは化粧にも応用された。成人した、あるいは結婚した女性の証しであったお歯黒がそれで、五倍子《ごばいし》という茶色の染料を塗ったあと、この鉄漿《かね》を塗ると黒く染まった。したがってこれを、おはぐろ鉄とも呼ぶ。

吉岡・憲法黒のこと

『紺屋茶染口伝書』の第廿三番目の項には、「けんぽうよしおか乃家の口伝」というのがあり、「かわ」、すなわち楊梅の樹皮で濃く染めてから、鉄漿で発色して黒をあらわす技法が書かれている。

室町時代の終わりころ、京都の兵法の流派に吉岡流と呼ばれる一派があり、憲法と名乗る当主は、室町幕府足利将軍家の兵法師範をつとめて名声を高めていた。彼には三人の息子があり、剣豪宮本武蔵と何度か立ち会ったのはこの三兄弟と物語されている。関が原の戦いまで豊臣家に仕えていたが、徳川方が勝利したあともまだ、大坂冬の陣で一門は豊臣方についた。そのため兵法を捨て、京都堀川の流れに近い四条西洞院において、門人であった李三官から伝えられた黒染法をもっぱらとする染色業に携わるようになったという。

そのため、吉岡家が得意とした黒染とは、憲法黒《けんぽうぐろ》あるいは憲法茶という名が付けられていた。その染色技法は、一説によると、そのはじめのころは檳榔子《びんろうじ》(檳榔樹の実)を鉄分の液で発色する方法で染めていて、その下染として、藍をあらかじめかけておく藍下黒というものであったともいう。文様は型染による鮫小紋《さめこもん》が得意であったというが、真実のほどはわかっていない。吉岡染はなかなかに興隆したようで、吉岡家から分家して染色業を営んだ家は、京都でかなりの数にのぼり、「吉岡」の名は染屋の代名詞でもあった。

元禄九年(一六九六)に、京都の染物師の秘伝を伝授すべく刊行された『当世染物鑑《とうせいそめものかがみ》』の序文には、「近年染物屋方上手に成候故か亦好ミ方上手に成候哉。色々の茶ぞめ。すゝ竹。替たる染出し有之。然といへども遠国にハ知とも染用不知」とあり、そこには「ちや」「すす竹」「びんろうじ染」「けんぽう染」など五十色近い、茶黒の色とその染色技法が記されている。黒茶がかなり本格的に流行しはじめていることを暗示しているような記述である。

茶と黒の染法　当世茶と梅染

このころになると、染色の技法とその色名を記した書籍が、それまで以上に数多く発行されるようになった。ここで、それらの一点一点を取り上げるいとまはないが、いくつかを参考にして、江戸時代中期から幕末にかけて、「四十八茶百鼠《しじゅうはっちゃひゃくねずみ》」という言い回しがあるように、いかに茶と黒の色彩が尊ばれ、そのわずかな色相の差に、染屋が苦心していたかを見てみたい。ただ、こうした書物には「秘伝」の要素が強いが、実際には染師が書いたものではなく、「聞書」がほとんどのようで、すべてを信じるわけにはいかないし、その技法に首をかしげたくなるものも少なくない。

寛政九年(一七九七)、紺屋清三郎が手写した『染屋秘伝』と題したものがある。そこには百色近い技法が記されていて、その多くは茶と黒に関するものである。一例をあげると、「当世《とうせい》茶《ちゃ》」といわれる、いかにも当時の流行色らしい色がある。

下染めは楊梅の皮で一、二回染めるとある。これで黄色になると思われる。その上に梅の樹に少し石灰を混ぜるとあって、これは赤味の茶が重なっていく。「かりやすにくろミを入」とあるので、鉄漿で発色した刈安とすると、やや緑がかった色が加わる。さらにこれに明礬と石灰水で色止めをしている。赤味の茶に、やや緑がかった色が重なったような色が「当世茶」ということになる。

このような染色技法を見ていくと、江戸時代中頃以降の、茶黒の染色に使われている材料がよくわかってくる。もっとも多いのが楊梅で、その樹皮は優れた黄色もしくは褐色の染料であるが、この時代の文献を見ると、鉄分で発色させて黒色をあらわすのに使われている。渋い黄色にはあまり使われていないようである。

刈安は、第一章に記したイネ科の植物で、日本を代表する黄色である。

また、梅染《うめぞめ》といわれる色は、梅の幹を細かく刻んで煎じ、その液で染めたあと媒染で発色させたものであるが、媒染剤の違いによって何種類かの色調が文献にはあげられている。古くから、北陸加賀地方の名産のようであった。『安斎随筆』の伊勢貞丈が著した『貞丈雑記』には「梅染赤梅黒梅三品あり。梅やしぶにてざつと染たるは梅染色。少数を染たるは赤梅也。度々染染て黒みあるは黒梅也」と記されており、それは茶系統の染料が、発色の仲立ちをする媒染剤によって、それぞれ色が異なることを如実に物語っている。「梅屋渋《うめやしぶ》」というのは、梅の幹を細かく刻んで煮沸し、さらに樹皮にタンニン酸を多く含んでいる榛《はり》を加えて数時間煮出したものを指している。梅染色と記しているのは、おそらく明礬発色させたもので、赤梅は石灰または木灰あるいは藁灰で発色させたものと考えられ、黒梅は鉄分で発色させたもので、加賀名産の梅染はこれにあたると考えられる。

インドから東南アジアの熱帯・亜熱帯にかけて生育する檳榔樹は、椰子の仲間で、その高さは十～二十メートルに達する。その丸形あるいは卵形の果実を檳榔子と称し、乾燥させたものを染料とする。日本の気候では生育しないが、古く奈良時代から輸入されていて、正倉院にいまも薬物、香木として伝えられる。その実を煎じた液で染め、鉄気《かなけ》水で発色させて黒色を出すが、きわめて気品のある色となる。ただし、奈良時代から染色に使っていたかどうかは判断できない。だが、『太平記』巻九に「長絹の御衣に檳榔の裏なしを召され……」と記されており、南北朝時代にはすでに染色に用いられていたと思われる。

江戸時代には大量に輸入され、あらかじめ紅や藍で下染めをしてから鉄発色で黒く染められたものは、「紅下檳榔樹」「藍下檳榔樹」と呼ばれて黒紋付などに用いられ、より深みのある色がもてはやされて高級な染料とされていた。

五倍子《ごばいし》といわれるウルシ科のヌルデの木にできる瘤で染めた黒色は空五倍子《うつぶし》色といわれる。五倍にも膨れるというので、五倍子、別名付子《ふし》とも呼ばれるのである。瘤は、樹そのものが、虫に傷つけられた部分に細菌が入り込まないよう、タンニン酸を集めて防御するためにできた袋である。ここに寄生した幼虫はやがて十月ごろになると、瘤に穴をあけて飛び出すため、その前に収穫すると瘤にはタンニン酸がたくさん含まれているわけで、それを染料としたのである。「うつぶし」とは、そのなかが空《から》になるところからの命名である。

さきに記したように檳榔樹は輸入品であるために高価であり、檳榔樹黒を染める場合には五倍子を加えたり、また五倍子で代用することも多かったという。いまも昔も偽物作りはいるものである。

歌舞伎役者と流行色

江戸における歌舞伎の人気はすさまじいものであった。『甲子夜話《かつしやわ》』には、庶民から大名武家の奥方まで、役者を真似ると書かれているほどで、色名にも役者の名を冠したものが数多く登場した。いずれも禁止令にふれない地味な色調で、なかには流行色となっていくものもあった。

代表的なものは、まず団十郎茶であろう。初代市川団十郎以来伝統の演目である「暫《しばらく》」の衣裳に、柿色の素襖《すおう》に三桝文《みますもん》を白抜きにあげたものを着用しており、この色は団十郎茶として親しまれたという。柿色という表現からは、柿の実の熟した赤味ともとれるが、鳥居清倍《きよます》という浮世絵師が描いた「初代団十郎の暫」を見ると、柿渋で染めた赤味の茶色のようであるので、柿渋染と見たほうがよいと考える。

宝暦六年(一七五六)に二代目瀬川菊之丞を襲名した名女形《おやま》は粋人で、路考《ろこう》という俳名をもっていた。この人の姿かたちは、髷、櫛なども好まれて、路考櫛なるものまで出現したほどである。『守貞謾稿』に「伊予染、路考茶、江戸に流行、天保に至りて京坂に芝翫《しかん》茶、江戸に路考茶、梅幸茶《ばいこう》はやる」と書かれていて、長きにわたって人気のあったことがわかる。路考茶は、紺屋仁三次の手記によれば、まず、藍で薄く浅葱色に染めてから、刈安を濃く煎じて二度かける。そのつぎに鉄で媒染して深緑色になる。その工程を繰り返し、最後に明礬で色止めをするとある。

芝翫茶というのは、三代目中村歌右衛門が俳号を「芝翫」としたことに由来している。この色名も、嘉永年間に出版された『染色指南』に染料が記されていて、「かりやす三遍 なつめ一遍」とある。鉄とか明礬といった媒染剤が書かれていないので、どのような色かを推しはかることはむつかしいが、刈安で黄色に染めて、それに赤茶色になるなつめをかけたもので、わずかにくすんだ黄茶色と思われる。この書物が実際に記されたのは、天明年間(一七八一〜一七八九)とされており、芝翫が活躍した時代と符合する。

利休鼠はどのような色か

「鼠」といわれるような薄墨色はどのように染めたのか、たとえば「利休鼠」というよく知られた色名を見てみたい。利休鼠は、北原白秋の「城ヶ島の雨」の歌詞を想いおこすが、その色の印象としては、茶道にちなんで抹茶のやや緑がかった鼠色というのが一般的である。村井康彦氏の『茶の文化史』には、桃山時代の茶人で奈良春日大社の社家、久利権大夫利世という人の随筆のなかに、秀吉が茶の師匠として利休をむかえ入れてから、世の中はみな「利休がかり」の茶になったし、利休は、華美を憎んでか、墨染めのような淡い鼠色の布を着て、茶席に招き、振舞は簡素にして、亭主は給仕に徹すればいいという意味の「わび」の戒めのための狂歌をよみ広めたと書かれている。

利休は、このような鼠色の出家した僧衣のような墨染の衣を着ることが、精神的にも、見える体も「侘び茶」にふさわしいと考えていたという。これが利休鼠という色名につながったとされている。

だが、江戸時代に出版された染色技法書のなかで、利休鼠とあるのは一個所で、それは練墨と黒を半分ずつあわせて、その二品をうすくとくべしとしている。いわば、墨で布の上へ引染《ひきぞめ》をしていることで、これから見ると、緑の入らない、たんなる鼠色になる。

このように、江戸時代になって、だんだんと町人たちが経済を担うにしたがって、衣裳とお洒落が身分を超えて広がりを見せるようになり、上から贅沢禁止令が出るたびに、逆に民衆はそれに応じるように見せながら、茶と黒の微妙な色相に、ゆかりの名称を付けて楽しんでいたのである。その色をあらわす染色技法は、基本的には、さきに記した檳榔子や五倍子などの茶の色素、すなわち渋、タンニン酸を多く含んだ染料を使うものであった。黒系統にしたい時は鉄分を用いて発色し、茶系にしたければ石灰で発色し、焦茶系にしたければ、わずかに鉄分のある液にとおす。そして明礬で色止めをするのである。

そして、女性は裏地に鮮やかな紅絹《もみ》をつけたり、男性は羽織の裏に描《か》き絵《え》をほどこしたりと、むしろ見えないところに華麗な色や意匠をこらす、いわゆる「裏優《うらまさ》り」をみずから演出して、庶民の心意気と反骨心をあらわしたのである。

桃

地方の染織の発展

江戸時代になって、幕藩体制がようやく落ち着きを見せたころ、地方それぞれの藩では、農業の発展を促し、その地の気候風土にもとづいた特産品を生み出して他の地域へも売り出し、財政の安定をはかるようになっていった。これには、東海道、中山道など五つの街道が整備されて人びとの往来がさかんになったことと、南海路、日本海の西廻り航路など、船による大量輸送が可能になったことによるところが大きい。

ここでは染料に関するものだけを簡単にのべることにとどめるが、北はアイヌの人びとの衣裳から、南の沖縄列島に至るまで繊維、布、染料、そして、それらにまつわる技術、情報がそれまでとは比較にならない速度で交流していったのである。

山形最上の紅花

紅花は近世に至って、武蔵の国あるいは上総、下総あたりからその栽培技術が出羽最上地方に伝えられると、春から初夏にかけて朝霧がよくたなびくという気候風土のもとに、良質でかつ量的にも多い産地となり、元禄のころになると全国の総生産の半分を占めるまでになったといわれている。そこで収穫したものは、最上川を下って酒田の港へ運ばれ、ここ特産の庄内米とともに、西廻船で敦賀、そして琵琶湖上を渡って京都へと運ばれたのである。最上の紅花は絹や紙の染材として、また化粧用の口紅にも多く用いられた。

黄八丈

東京都の南二百九十キロの太平洋に浮かぶ八丈島は、かつては鎮西八郎為朝の伝説にちなんで「八郎島」と呼ばれていた。黄八丈《きはちじよう》、鳶《とび》八丈、という織物の産地として知られ、江戸時代になってからは、大名や御殿女中に愛用されるようになり、やがて粋を好む江戸の町人たちにも流行するようになった。

黄八丈の名のとおり、まず黄色に特徴がある。これは、この島のいたるところに自生する、イネ科のこぶな草という五十センチ前後の植物による。

黄八丈の反物にはさらに茶系のいわゆる樺色のような糸が入っているが、これは、この地方でいう、マダミ、イヌグスの樹皮で染色したもの。これの発色つまり媒染には染料に使ったかすを焼いて使う。

「鳶八丈」という黒と茶の格子文様の織物は、椎の皮を煎じて黒の染色をする。これだけでは濃い茶系の色にしか染まらないので、この島にある鉄気《かなけ》がある沼に持っていって浸けると、はじめは灰色であるが、時間とともに黒味へと変わっていく。

黄八丈、鳶八丈とも、かつてほどの生産量はないものの、伝統を守るつくり手がいて、いまもきもの愛好家には愛されている織物である。

沖縄

沖縄は地理的にみて、日本列島のなかでも特色のある染織文化が花開いたところである。中世より、中国明国への入貢、貿易を活発におこなってきたことはもとより、船を駆って、タイ、マラッカ、インドネシア、フィリピンなどの東南アジア諸国へ航行して、交易をさかんにおこなっていた。

そのために、蘇芳という南方産の染料などをいち早く入手することができていたし、紅型染《びんがた》に見られる「赤」の臙脂綿なども中国より直接輸入していた。

藍についても、亜熱帯地方で使われているキツネノマゴ科の琉球藍を沈殿法という技法で製藍して、本島はもとより宮古、石垣島あたりまで輸送をしていた。防風林にもなっている福木の樹皮を採って染める黄色にも特徴がある。繊維では絹、麻、木綿に加えて、近世にいたって南方より伝えられた芭蕉布《ばしょうふ》というバナナの繊維も定着し、ここの風土を映したかのような澄んだ明るい色彩をかもし出してきた。

阿波徳島の藍

中世までは、日本の藍、すなわちタデ科の藍は播磨国や京都の九条の水田などでおもに生産されていた。その後、桃山時代に蜂須賀家政が阿波徳島の藩主となってから、暴れ川と異名をとり、毎年のように氾濫をおこす吉野川流域で、水に耐える蓼藍の栽培をはじめるようになったのである。タデ科の藍は、厭地《いやじ》といって、毎年同じ土壌で同一作物を連作すると病虫害が出る性質がある。ところが、吉野川は上流からの激しい流れが、下流の低地一帯に新しい土砂をつぎつぎと運び込み、おのずから土壌は新しくなり、格好の作付地となる。加えて、近くの海で捕れる鰯なども生育のためのいい肥料となって、よりよい成果が得られるようになった。

さらに、西日本において、木綿が栽培されるようになって、三河、河内、伊予、豊後、筑紫などの温暖な地方で、これも藩の殖産振興作物として奨励されたことも大きい。前にも書いたように、木綿という植物繊維は、植物染料の赤とか紫などの鮮やかな色にはどちらかというと染まりにくいが、藍は染着性に富んでいる。そこで、木綿といえば藍の染色ということが定着して、木綿を耕作している村々には紺屋ができた。その藍の多くは瀬戸内航路を利用して、阿波徳島から運ばれたのである。久留米絣《くるめがすり》に代表される木綿の絣布は、その後、伊予、備後、出雲、広瀬などに広まりを見せるのである。縞や格子はとくに技術を要することはないため、どこの農村でも冬の農閑期の仕事として普及していった。また、米糊を置いて防染する型染は各地の町の紺屋で染められるようになった。なかには出雲のように、筒描の風呂敷などに特徴のあるものもある。

ジャパン・ブルーと化学染料の登場

江戸時代の農民や庶民の衣料、そして夜具や蒲団地はほとんどが藍色の暈繝で彩られていたといってもいい。明治のはじめに日本にやって来た欧米の人びとはこうした日本人の服装を見て、「ジャパン・ブルー(日本の青)」と呼んで賞賛していた。

そのうちの一人、英国の化学者アトキンソンは、東京開成学校の教師として来日し、そこが東京大学となったのちも理学部教授の要職にあった人だが、彼の「藍の説」という講演の一節には、「日本においては藍を染料となし、これを使用するの量極めて大なり。……全国到るところ、青色衣裳の非ざるなき」とある。ラフカディオ・ハーンも、日本は「大気全体が、心もち青味を帯びて異常なほど澄み渡っている」「青い屋根の下の家も小さく、青い暖簾をさげた店も小さく、青いきものを着て笑っている人も小さいのだった」と記している。

このような欧米の人びとが自由に往来するようになった明治の開国によって、日本へも、ヨーロッパの新しい、そして激しい波が打ちよせてきた。染色と色彩で見れば、化学染料の輸入がその大波であった。明治二十年代には西洋紅粉《べにこ》と称される合成茜、インディゴピュア、すなわち純粋なインド藍と訳せる化学藍などがつぎつぎと入ってきたのである。

京都の堀川をはさんだ地に軒を連ねていた染屋でも、村の紺屋でも、植物から色をくみだす自然染はつぎつぎと消えゆく運命にあった。これにともない、山形の紅花、阿波の藍の生産も衰退の一途をたどっていって、日本人が千数百年にわたって育んできた植物染料による伝統の色は、化学的な色に一気に変貌していくのである。

あとがき

この稿を書いているのは十一月中旬である。晩秋になると、京洛南にある私の染工房の前庭には、毎朝、白い煙がたなびくことになる。朝八時すぎにきまって、染師福田伝士氏が、竈《かまど》に稲藁をつめて燃やすのである。冬を迎えて紅花を染める工程に欠かすことのできない藁灰《わらばい》を蓄えるためのこうした作業が日課となっている。

最近では、田圃に懸稲《かけいね》をこしらえ、稲束を乾す光景を見ることが少なくなってきた。新型のコンバインは、刈ることと脱穀とが同時にできるようになっていて、稲藁は細かく刻んでそのまま田圃に蒔くようになっている。したがって、稲藁を手に入れることがむつかしくなってきたのである。工房の近くには、まだ数軒の農家が、昔ながらの方法で米を収穫しているため、そこに頼んで、工房がひと冬に使う分だけをわけてもらっている。一日に燃やすのが四十束、それを十一月から翌年の三月まで続けるのだから、相当な量がいる。

藁灰だけではない。椿の灰も紫草の染色には欠かせないので、たえず枝をはらってきては燃やして溜めておく。また、藍染には櫟《くぬぎ》、樫《かし》などの堅木《かたぎ》の灰も必要で、これは土佐の鰹節をいぶすところからもいただいて助けてもらっている。

植物染で澄んだ美しい染め色を得ようとすると、染料だけでなく、このような助剤の材料も確保しなければならない。

さらに、染める繊維についても同じことがいえる。日本の伝統色を再現するにあたっては、絹と麻が重要である。周知のように、国内における絹の生産はまさに風前のともしびといわねばならない。かつては全国にあった養蚕農家は、いまでは群馬、長野、愛媛県などほんのわずかになった。量だけでなく、質も確かに落ちている。しかも、蚕を育てるのに人工飼料を使っているところがほとんどである。それらが、真の絹といえるかどうか、私も疑問に思うことがある。

麻は植物の皮を剝いで、その内皮を細かく裂き、それをつないで糸にしていく。専門的な言葉では績《う》むというが、それをおこなう人がわずかになってきた。しかも高齢化している。新潟、福島、そして沖縄県の宮古島に数十人といったところか。韓国、中国ではまだ日本に比べればば多くのこっているが、その技術は低下しているのが現状である。しかし、それでも使わないわけにはいかない。

木綿の手紡ぎにいたっては、最近では、ほとんどないといってよく、かろうじてインドに手紡ぎ風なものがのこっているという状態である。

染料に関しては、今日でもなお、植物染の素材を手に入れることが可能なのは、中国、韓国、日本、そしてインドにおいてで、それはまだ、和漢薬が頻繁に用いられているからだと私は考えている。近代化のなかで、欧米ではいっきに化学医薬にかわっていったが、東洋では比較的ゆるやかに移行していって、なお生薬の需要が高いからだ。

そうはいっても、たとえば紫草などは栽培がきわめてむつかしく、中国の野生のものも年々劣化しているように思える。

手で紡績された糸や布にこだわり、植物から色を汲み出して染めることに執着していると、今日の社会で仕事するには困難なことが多い。ましてや、古の工人がおこなってきた、それぞれの工程を尊び、それを踏襲していくことは、じつに多くの苦難を伴う。そのことは、染屋を継いで十分にわかった。

だが、私はあきらめてはいない。私と二人三脚で古法にのっとってやってきた福田伝士氏、それに私どもの仕事を支えてくれている人たちの努力があって、平成十二年には古来からの色名とその標本色二百数色を『日本の色辞典』(紫紅社、二〇〇〇年)として刊行することができた。日本の伝統色を再現する試みが、少しは進歩してきたのだと自負している。

加えて、二十世紀末から、自然回帰を目指す人々がしだいに増えてきていることがある。たとえば、まさに滅びようとする日本の紫草をなんとかよみがえらせようと、全国の心ある人に種を配り、栽培法を教示している大槻順三さんのような方もおられる。また、大分県竹田市とその周辺の人たちから、奈良時代の「紫草園」の復活を試みる運動も起こっている。

今日のように地球上に五十億以上もの人が住むともなれば、すべての人が、自然から贈られた植物によって染めた衣裳を着ることは不可能だが、十九世紀に化学染料が発明され、電気による光が与えられたからといって、何千年前、いや何万年前からか、人間が自然から色素を得て、染めたり、塗ったりして衣類を美しく彩ってきた、その努力や技術を忘れてはならないし、そこから生まれてきた「色《いろ》」「彩《いろ》」を、しっかりと眼に記憶していかなくてはならない。

京の染屋に生まれ、それを受け継いだものとして、私は、日本人が育んできた伝統色を失ってはならないと思う。ほんのわずかの歩みではあるが、故《ふる》きを温《たず》ねながら、新しい伝統を生み出していかなければならないと考えている。

最後になったが、私の仕事に眼をむけてくださって、本書を上梓するように導いていただいた、岩波書店新書編集部の早坂ノゾミさんに、ここで感謝の意を表したい。

そして、私の文章のつたないところをご指導願った、槇野修氏にも御礼を申しあげる。

平成十四年十一月　京洛南の工房にて

吉岡幸雄

吉岡幸雄

染師・染織史家.「染司よしおか」五代目当主. 1946年京都市生まれ. 早稲田大学第一文学部卒. 編集・広告の仕事を経て, 88年生家である「染司よしおか」を継ぐ. 植物・天然染料による染色を専らとして, 日本の伝統色と染色の歴史を研究. 古社寺の行事に関わり, 国宝の復元に取り組む. 2002年 東大寺大仏開眼1250年慶賀法要にあたり管長の紫衣, 糞掃衣, 開眼の縷等を制作. 2008年には成田空港第2ターミナル到着ロビーのアートディレクターを務める. 2010年に菊池寛賞, 2012年にNHK放送文化賞をそれぞれ受賞. 2011年吉岡幸雄と染司よしおかの情熱を追ったドキュメンタリー映画「紫」が完成(企画制作 株式会社ATMK). 全国各地で上映される.
2016年英国のヴィクトリア&アルバート博物館に日本の色70色が永久保存される.

日本の色を染める　　岩波新書(新赤版)818

2002年12月20日　第1刷発行
2019年9月25日　第5刷発行

著　者　吉岡幸雄《よしおかさちお》

発行者　岡本　厚

発行所　株式会社 岩波書店
〒101-8002 東京都千代田区一ツ橋2-5-5
案内 03-5210-4000　営業部 03-5210-4111
https://www.iwanami.co.jp/

新書編集部 03-5210-4054
http://www.iwanamishinsho.com/

印刷製本・法令印刷　カバー・半七印刷

© Sachio Yoshioka 2002
ISBN 4-00-430818-6　　Printed in Japan

岩波新書新赤版一〇〇〇点に際して

ひとつの時代が終わったと言われて久しい。だが、その先にいかなる時代を展望するのか、私たちはその輪郭すら描きえていない。二〇世紀から持ち越した課題の多くは、未だ解決の緒を見つけることのできないままであり、二一世紀が新たに招きよせた問題も少なくない。グローバル資本主義の浸透、憎悪の連鎖、暴力の応酬――世界は混沌として深い不安の只中にある。

現代社会においては変化が常態となり、速さと新しさに絶対的な価値が与えられた。消費社会の深化と情報技術の革命は、種々の境界を無くし、人々の生活やコミュニケーションの様式を根底から変容させてきた。ライフスタイルは多様化し、一面では個人の生き方をそれぞれが選びとる時代が始まっている。同時に、新たな格差が生まれ、様々な次元での亀裂や分断が深まっている。社会や歴史に対する意識が揺らぎ、普遍的な理念に対する根本的な懐疑や、現実を変えることへの無力感がひそかに根を張りつつある。そして生きることに誰もが困難を覚える時代が到来している。

しかし、日常生活のそれぞれの場で、自由と民主主義を獲得し実践することを通じて、私たち自身がそうした閉塞を乗り超え、希望の時代の幕開けを告げてゆくことは不可能ではあるまい。そのために、いま求められていること――それは、個と個の間で開かれた対話を積み重ねながら、人間らしく生きることの条件について一人ひとりが粘り強く思考することではないか。その営みの糧となるものが、教養に外ならないと私たちは考える。歴史とは何か、よく生きるとはいかなることか、世界そして人間はどこへ向かうべきなのか――こうした根源的な問いとの格闘が、文化と知の厚みを作り出し、個人と社会を支える基盤としての教養となった。まさにそのような教養への道案内こそ、岩波新書が創刊以来、追求してきたことである。

岩波新書は、日中戦争下の一九三八年一一月に赤版として創刊された。創刊の辞は、道義の精神に則らない日本の行動を憂慮し、批判的精神と良心的行動の欠如を戒めつつ、現代人の現代的教養を刊行の目的とする、と謳っている。以後、青版、黄版、新赤版と装いを改めながら、合計二五〇〇点余りを世に問うてきた。そして、いままた新赤版が一〇〇〇点を迎えたのを機に、人間の理性と良心への信頼を再確認し、それに裏打ちされた文化を培っていく決意を込めて、新しい装丁のもとに再出発したいと思う。一冊一冊から吹き出す新風が一人でも多くの読者の許に届くこと、そして希望ある時代への想像力を豊かにかき立てることを切に願う。

（二〇〇六年四月）

芸術

ベラスケス 宮廷のなかの革命者　大高保二郎
ヴェネツィア 美の都の一千年　宮下規久朗
丹下健三 戦後日本の構想者　豊川斎赫
学校で教えてくれない音楽　大友良英
中国絵画入門　宇佐美文理
瞽女うた　ジェラルド・グローマー
東北を聴く　佐々木幹郎
黙示録　岡田温司
ボブ・ディラン ロックの精霊　湯浅学
仏像の顔　清水眞澄
ヘタウマ文化論　山藤章二
小さな建築　隈研吾
デスマスク　岡田温司
コルトレーン ジャズの殉教者　藤岡靖洋
雅楽を聴く　寺内直子

歌謡曲　高護
四コマ漫画　清水勲
琵琶法師　兵藤裕己
歌舞伎の愉しみ方　山川静夫
自然な建築　隈研吾
肖像写真　多木浩二
東京遺産　森まゆみ
日本の色を染める　吉岡幸雄
プラハを歩く　田中充子
コーラスは楽しい　関屋晋
日本絵画のあそび　榊原悟
イギリス美術　高橋裕子
ぼくのマンガ人生　手塚治虫
日本の近代建築 上・下　藤森照信
千利休 無言の前衛　赤瀬川原平
やきもの文化史　三杉隆敏
色彩の科学　金子隆芳
歌右衛門の六十年　中村歌右衛門 山川静夫
フルトヴェングラー　脇圭平 芦津丈夫

楽譜の風景　岩城宏之
日本の耳　小倉朗
二十世紀の音楽　吉田秀和
写真の読みかた　名取洋之助
絵を描く子供たち　北川民次
名画を見る眼 正・続　高階秀爾
ギリシアの美術　澤柳大五郎
ヴァイオリン　無量塔蔵六
音楽の基礎　芥川也寸志
日本美の再発見〔増補改訂版〕　ブルーノ・タウト 篠田英雄訳
ミケルアンジェロ　羽仁五郎

(2018.11)　(R)

岩波新書/最新刊から

1785 **独ソ戦** 絶滅戦争の惨禍　大木　毅 著

「これは絶滅戦争なのだ」。ヒトラーがそう断言したとき、ドイツとソ連の血で血を洗う皆殺しの闘争が始まった。想像を絶する戦い。

1786 **モンテーニュ** 人生を旅するための7章　宮下志朗 著

狂気の時代をしなやかに生きたモンテーニュのことばは、私たちの心深くに沁み入ってくる。「エッセイ」の生みの親の人生哲学。

1787 **リハビリ** 生きる力を引き出す　長谷川　幹 著

自分の秘められた力を自らが引き出し、歩く、話す、働くことが再びできるように……。四〇年間の地域での実践を、事例とともに綴る。

1788 **2100年の世界地図** アフラシアの時代　峯　陽一 著

二一〇〇年に世界人口の八割以上を占める「アフラシア」の姿を、地理情報システムの手法による多彩なカラー地図で予測する。

1789 **奴隷船の世界史**　布留川正博 著

歴史家たちの国境を越えた協力が明らかにした、大西洋奴隷貿易の歴史。奴隷船の実態から、奴隷貿易・奴隷制反対運動まで。

1790 **生きのびるマンション** ―〈二つの老い〉をこえて―　山岡淳一郎 著

住民の高齢化と建物の老朽化が進むマンション。「不都合な真実」と向き合い、資産価値を高めて住み続けるために何が必要か。

1791 **世界遺産** ―理想と現実のはざまで―　中村俊介 著

膨張する登録物件、各国の政治的介入の激化……。世界遺産の「光と影」に目を向けながら、文化遺産保護のあり方について考える。

1792 **短篇小説講義** 増補版　筒井康隆 著

ディケンズら先駆者の名作に宿る、短篇の極意を探る。自身の小説「繁栄の昭和」で試みた実験的手法も新たに解説する増補版。

(2019.9)